KB053595

하나오카花岡 사건 회고문

지은이

마쓰다 도키코(松田解子, Matuda Tokiko, 1905~2004)

1905년 일본 아키타현秋田縣 센보쿠군仙北郡에서 태어났다. 아라카와荒川 광산에서 자란 그녀는 오모리大森초등학교를 졸업한 뒤 광산사무소에서 타이피스트 겸 급사로 근무하며 광산 노동자의 가혹한 노동현실에 접해 문학적 정열을 불태우는 한편 사회의식에 눈을 떴다. 1928년『독서신문』에「출산」이라는 단편으로 입선했으며 같은 해 일본 프롤레타리아 작가동맹에도 가입했다. 현실참여 문학 여정의 돛을 올린 마쓰다는 시, 수필, 평론 등 형식과 장르를 초월하는 활동을 펼쳤다. 전후 '신일본문학회'에 가입, 본격적인 민주주의 문학운동을 전개했다. 실천운동가의 모습으로 '마쓰카와 사건'에 관여했고, 그 재판의 불공정함을 지적,『진실은 벽을 뚫고』라는 피고의 수기를 간행하기도 했다. 제2차 세계대전 말기 하나오카 사건과 그 사건의 발단이 된 나나쓰다테 사건의 조선인 노동자 문제에도 눈을 돌려『땅밑의 사람들』,「유골을 보내며」,「뼈」등의 작품과 르포를 통해 사건의 진상규명에 매진했으며 권력이 노동자를 탄압하는 현실을 고발했다. 이국 징용피해자 유골 조국 봉환에 앞장서 줄곧 일본제국주의 비판 운동을 펼쳐오다가 61세의 해에는 자신 어머니의 생애를 테마로 엮은 장편『오린구덴』을 발표, 이 작품으로 다무라 도시코 상과 다키지·유리코 상을 수상했다. 97세의 만년에도 하나오카 사건을 추적한 소설「어느 갱도에서」를 발표하며 주목을 받았으며 2004년 백수를 기념하는 모임을 갖은 후 그해 12월 급성심부전증으로 세상을 떴다.

옮긴이

김정훈(金正勳, Kim Jeoung Hun)

조선대학교 국어국문학과를 졸업하고 일본으로 유학했다. 간세이가쿠인대학교 대학원 문학연구과에서 석사, 문학박사학위를 받았으며 전남과학대학교 교수로 재직하고 있다. 학위 취득 후, 한국의 시점에서 일본 근대문학을 어떻게 읽을 것인가를 고민, 일제강점기 한일평화 공존세력의 연대, 한인 징용자와 일본인 교류 양상에 주목하고 있으며, 당시의 조선관련 문제에도 초점을 맞춰 연구하고 있다. 연구의 연장선에서 일제강점기 강제 징용 피해, 한일 시민연대, 한일 대학생, 청소년 교류 등에 관심을 갖고 있다. 저서에는 일본에서 출간한『소세키와 조선』,『소세키 남성의 언사·여성의 처사』, 역서에는『나의 개인주의 외』,『명암』,『전쟁과 문학-지금 고바야시 다키지를 읽는다』,『땅밑의 사람들』등이 있다.

하나오카花岡 사건 회고문

초판인쇄 2015년 2월 15일 **초판발행** 2015년 2월 20일
지은이 마쓰다 도키코 **옮긴이** 김정훈 **펴낸이** 박성모 **펴낸곳** 소명출판 **출판등록** 제13-522호
주소 서울시 서초구 서초중앙로6길 15, 1층
전화 02-585-7840 **팩스** 02-585-7848 **전자우편** somyong@korea.com **홈페이지** www.somyong.co.kr

값 15,000원   ⓒ 김정훈, 2015

ISBN 979-11-86356-08-1 03910

하나오카花岡 사건 회고문

Recollection of Hanaoka Accident

마쓰다 도키코 지음
김정훈 옮김

소명출판

❖일러두기

- 일본어의 한글표기는 외래어 표기법에 따랐다. 그러나 저자의 판단하에 실제 발음을 살리는 것이 더 좋다고 여겨진 경우에는 그에 따라 표기했다.
- 1, 2부의 각주는 '(역주)'와 '(저자 주)'로 구분했다.
- 한자표기는 정자를 원칙으로 했으나, 고유명과 이름 등은 가급적 약자 그대로 표기했다.

문병란 (시인, 조선대학교 인문대 교수 역임)

　아시아 대공영을 꿈꾼 야심이 너무 컸던 일본제국주의 정부, 그 군
벌들은 한반도 침략에 이어 만주 괴뢰정부 조작 음모로 대중원을 침
략해 남경학살, 상해사변, 그것도 모자라 동남아시아 전역, 나아가
태평양의 하와이 진주만 기습으로 태평양전쟁을 일으켜 제2차 세계
대전 인류사에 씻을 수 없는 전범집단이라는 죄악사를 남긴다.

　패배할 수밖에 없는 과욕, 마치 두꺼비를 삼킨 독사처럼 물자부족
과 힘에 겨운 연합군과의 중과부적인 고전 속에서 3년여 장기화된
전쟁을 겪으며 패전 가까이 궤멸의 위기에 놓이게 된다. 1944년 7월
28일~1945년 4월 18일, 운명의 시간을 몇 개월 앞둔 제2차 세계대
전 종료 직전의 숨가쁜 그 시기에 한반도에선 징용, 징병, 정신대, 위
안부 차출로 잔악한 침략 행위가 자행되었다. 전쟁물자부족에 처한
그들은 가스대용 송탄유를 얻기 위해 송림훼손, 강제노력동원, 총탄
제작을 위해 놋그릇, 놋요강, 교회·학교·사찰의 구리종까지 강탈
해가는 비극이 전개되었으며, 최후 발악의 단말마, 비인도적 폭탄비
행기 가미카제神風소동은 그들의 패전이 임박했음을 알리는 조짐이

었다. 뿐만 아니라, 소년 비행사를 폭탄비행기에 태워 적함을 공격하는 천황의 명령 수행은 자랑이기보다 군국주의의 수치의 역사였다.

한창 다급해진 전쟁 말기 그들은 원칙도 없이 한국, 만주, 중국 등에서 마구잡이 강제징발로 젊은이 남녀 노약자 가릴 것 없이 광산으로 탄광으로 군수품 공장으로 전쟁터 총알받이로 끌어들였다. 그들의 희생과 피해는 공식 비공식 어마어마한 통계를 가지고 있다. 심지어 관동군의 음험한 지하 인체 실험장에선 마루타 의학실험으로 인간이 생쥐 대행을 하기도 했다. 곳곳에서 굶주리고 고문당하고 학정에 생목숨을 앗긴 수많은 해골들은 일본 땅 곳곳에 비극적 흔적을 남기고 있다. 그중의 하나가 하나오카 광산이다.

일본지도를 펴놓고 살펴본다. 3등분된 큰 섬으로 된 대일본 열도, 그것은 한 마리 커다란 악룡이나 지네마냥 우리 한반도인에겐 공포의 대상이기도 하다. 숨은 죄악의 역사, 그 증거를 추적하는 작업은 감정을 앞세우기보다 진실을 찾아내는 냉혹한 이성과 리얼리티가 중요하다. 대전 말기 군수품에 필요한 구리 생산 광산이나 흑연을 채취했던 '하나오카'를 찾아본다. 20만분의 1 작은 지도, 그 깨알 같은 글씨 속에서 그 비극의 장소는 분명 잘 보이지 않는다. 혼슈本州 북단에 위치한 홋카이도에서 남쪽으로 멀지 않는 곳. 위도 북위 40도선 경도 149 지점, 아키타현의 하나오카 광산. 그 악마의 갱도에선 대전 말기 버팀목 하나 온전하게 서 있지 않은 열악한 작업장이 일수였던 비인간적 강제노동으로 1년 남짓한 기간에, 즉 1944년 7월 중국인 299명, 이듬해 1945년 4월 589명, 같은 해 98명 등이 탄광 경영진 가시마구미에 의해 큰 피해를 입었다. 허나 그곳에는 중국인 포로는 물론 한국인, 일본 내지인도 포함되어 있었고 그 광산은 작업장이 아니라 하나의 생지옥을 연출한다. 심지어는 천황의 명으로 전쟁에 이기기 위한 온갖 죄악을 일삼으며 갱도에 노동자의 생매장으로 피를 뿌린 것이다.

수많은 군수품 공장이나 광산, 탄광, 그 범죄의 현장에서 가장 비인도적인 광산 역사 속에 묻혀버렸을지 모를 '하나오카 사건'은 일본의 진보적 양심가인 마쓰다 도키코의 정성과 용기에 의해 보고문학 형태의 생생한 증언록으로 간행되어 세상에 알려진 사건이다. 이 제2차 세계대전의 야만적 민중(노동자) 탄압사를 증언한 책이 광주의 김정훈 교수(전남과학대학교)의 번역으로 이 땅에 소개되게 되었다. 천하가 다 아는 위안부 사건도 왜곡하고 생떼를 쓰는 일본 정치 모리배들이 보면 진보적 양심인들의 참회록에 비견할 만한 귀한 반성으로 받아들여진다. 제2차 세계대전 때 비슷한 전쟁사 전범의 멍에를 쓴 나라인 독일과 그 반성은 대조를 이루고 있으나 '하나오카 사건'의 저술에서 일본의 새로운 미래를 기대할 수도 있을 것이다.

독도까지도 다케시마竹島란 이름으로 자기 영토라 우겨대고 아베 정부에선 평화헌법을 포기하고 다시 군사국 부상을 꿈꾸고 있다. 그들의 죄업에 의해 분단의 고통을 겪는 이 땅에 일방적으로 미국의 입장에 가세, 다시 입맛을 다시는 그들의 정체를 경계하기 위해 이 증언록의 일독을 권하며 기쁜 마음으로 추천하고자 이 글을 초한다.

널리 읽히도록 나누어 갖자. 그럼으로써 그날의 원혼들에 대한 적은 일부나마 보상을 받도록 하자.

2015.1

서은문학연구소에서 서은 문병란 識

차례

7

1부
하나오카 사건 회고문(각서)
마쓰다 도키코

❖번역 저본에 대해

「하나오카 사건 회고문」은 저작상속권자인 장녀 하시바 후미코橋場史子의 서면 허락을 얻어 번역했다. 이 글은 마쓰다 도키코 자선집 제6권 『地底の人々(땅밑의 사람들)』(사와다출판, 2004) 뒤쪽(부록편)에 다른 르포 작품과 함께 실려 있다.

우리에게 하나오카 사건이란 무엇일까?

한마디로 말해 그건 제2차 세계대전 말기 — 1944년 7월 28일 299명, 이듬해 1945년 4월 18일 589명, 같은 해 5월 11일 98명, 합계 986명의 중국인 포로가 일본군과 가시마구미鹿島組[1]에 의해 아키타현[2]의 광산 하나오카에 강제 연행당해 전시증산을 위한 수로변경 공사 및 댐 공사에 투입되었다가 일본의 패전까지 불과 1년 사이에 그중 42.6%에 이르는 420명이 아사, 혹사, 사형, 또는 포로의 집단봉기 후에 일어난 대규모 탄압과 폭력으로 생명을 잃은 참혹한 사건이다.

그런데 이 사건은 일본에게, 일본 국민에게 무엇을 시사해왔는가, 또는 무엇을 설명하고 있는가.

과연 하나오카 사건은 이제 마무리됐는가. 더욱이 반복될 기반은 일본에 형성돼 있지 않은가. 한편에는 작금 '붐'처럼 이 사건을 화두로 삼아 시류를 헤쳐 나가려는 듯이 다루는 경향도 있지만, 그러한 생각으로 이 사건이 명백해질 것인가.

이와 같은 생각과 물음, 그리고 의문을 놓치지 않고 다시 한 번 주시하고 싶다.

그런 가운데 하나오카 사건을 반복하지 않기 위해 더욱 확실한 일보를 내딛고자 한다.

· · · · · · · ·

1 (역주) 당시 일본제국주의 기업이던 가시마건설(토목건설주식회사).
2 (역주) 동해와 마주하고 있는 일본 동북지방의 현.

살아 있는 갱목

그러한 심경에서 수중의 자료 등을 재점검한다는 의미로 만지작거리고 있던 터에 나는 뜻밖에도 1951년 1월호 『문고』를 발견했다.

그것은 다름 아닌 이 사건 발생지인 하나오카 광산의 노사 쌍방이 위원을 선정해 당시 발행하던 문예지이다.

내가 하나오카 사건 조사를 목표로 처음 그 광산을 방문한 것은 1950년 9월. 그런 만큼 당시가 떠올라 즉시 책장을 넘기다가 다음의 단가에 눈길이 멈췄다.

살아 있는 갱목

시미즈 신淸水信

사람과 흙의 투쟁에
저토록 갱목은 다부지게 직선을 그린다.

갱목, 분명히 살아 있는 갱목,
올려다보고 내려다볼 때 갱목도 숨을 쉰다.

주위를 둘러보면 둘러볼수록 짙어지는 어둠,

갱목은 자신의 위치에서 전율한다.

1950년 최초의　　'위치에서 전율한다'까지를 다시 읽고 나는 제
조사 방문　　1회 조사 때에 실제로 보았던, 이 광산의 도야
시키堂屋敷 3번 갱도에서 원래 나나쓰다테 갱
까지의 어두운 갱도 모습, 그리고 세워진 갱목의 형태를 생생히 떠올
렸다. '도야시키 갱' 안쪽, 이 광산 최대의 광상鑛床인 '나나쓰다테 갱'
은, 이곳에 중국인 포로가 강제 연행되기 약 2개월 전 ─ 1944년 5월
29일, 전시증산을 위한, 너무나도 안전을 무시한 난굴亂掘로 인해 결
국 갱도 바로 위를 흐르고 있던 하나오카 강의 밑바닥이 허물어져 한
순간에 강 전체가 갱내로 함몰되었다. 당시 갱내에 있던 일본인 노동
자 11명과 조선인 노동자 11명은 생매장을 당했다. 그 광상이며 갱내
이다.

　나는 이 조사 방문에서 우선 하나오카 광산노조를 통해 광산지역
내의 마에다前田라는 장소를 방문해 이 광산 갱내 견학을 꼭 시켜달라
고 부탁했다. 그랬더니 그런 일이라면 광산사무소의 노무계의 허가
가 필요하다고 하면서 위원장이 사무소까지 동행해주어 순조롭게 허
락을 받았다. 안내역은 노무계가 선정한 보안계 소속 우츠하시字津橋
라고 하는 사람이 담당했다.

도야시키 갱에서
나나쓰다테 갱으로

어떤 의미에서는 강행이었을지도 모를 그 입갱 견학은 하나오카 사건 조사를 하려고 맘먹었던 순간부터 내가 원하던 일이었다.

그 이유는 한 곳의 경영, 사업장에서 소위 '적'의 포로가 그렇게 죽임을 당하기까지는 사전에 분명히 그곳에서 앞서 일하던 지역 노동자에게도 전쟁 중이었던 만큼 나름대로 노동 강화가 시행됐으며, 따라서 참혹한 전시재해 등도 크게 일어날 수 있다는 것을, 나 또한 아키타현의 한 동산銅山에서 태어났고 자란 자로서 체험으로 상상하고 있었기 때문이다.

하지만 이 상상은 적중했다.

이 지역으로 강제 연행된 중국인 포로는 앞서 기술한 대로 제일 먼저 함몰한 하나오카 강의 수로 변경 공사에 동원돼 혹사당한 것이다.

그런데 그 장소 — 도야시키 3번 갱에서 나나쓰다테로 향하는 갱도에서 과연 갱목은 '다부지게 직선'을 그리고 있었을까? 정말이지 그곳은 '둘러보면 둘러볼수록 짙은 어둠'의 세계였다. 그곳에서 내 칸델라[3]에 비친 갱목은 어떤 모습이었을까? 나는 그 모습을 생생히 눈에 떠올렸다.

⸻

3 (역주) 광산에서 사용하는 휴대용 램프.

땀이 밴 흑광黑鑛을 가르다

그곳은 지표에서 50미터 밑의 지점이었다. 따라서 지반의 압력은 당연히 있었지만 갱목의 모습이 조금도 '다부지게 직선을 그리는' 형태는 아니었다. 무엇보다 갱도 양 벽의 갱목은 너무나 중량이 큰 물건을 짊어진 인간의 등뼈처럼 한 개도 남김없이 휘어져 있었다. 총체적으로 구부러진 활모양의 글씨처럼 기울어져 있었다. 하지만 그렇게 휘어져 있으면서도 무너지려는 광벽을 더욱 필사적으로 받치고 있는 모습이었다.

**지표에서
50미터** ┃ 더구나 천장 갱목은 정면으로 지반 압력을 받아 거의 극한까지 흘러내린 상황이었다. 뿐만 아니라 이곳저곳 직경 1척 정도의 삼나무통 갱목이 V자로 휘어져 있었다. 그리고 휘어진 틈새에서 흑광이 지열로 홍건히 땀에 밴 검은 피부를 노출하며 내비치고 있었다.

"과연 이게 흑광인 걸까?" 나는 광산사무소에서 빌려 쓰고 온 안전모의 이마 부위를 V자형으로 휘어진 곳에 심하게 부딪쳐 이를 갈면서도 그렇게 중얼거리지 않을 수 없었다.

　이 현지조사에 앞서 도쿄에서 만난 전 광산기사 하모토 사다오帆本貞雄 씨의 말도 기억났다.

　"하나오카 광산의 광상鑛床은, 흑광 광상이라고 하여 아시오足尾나 오사리자와尾去沢의 광상처럼 광물이 맥이나 줄기로 형성돼 암반에 가득 차 있는 것과는 다르고, 그 자체가 광석 덩어리, 아니 커다란 광체로 되어 있어서 땅속에 벌렁 드러누워 있는 상태죠."

　그렇게 말하며 그 자리에서 그려주었던 광상도면도 눈에 떠올랐다.

　"…… 이런 식으로 저쪽 분지의 땅속에는 중요한 주요 광상만도 10개 정도가 실제로 파묻혀 있어요.

　오야마大山, 이나리자와稲荷沢, 쓰쓰미자와堤沢, 모토야마元山, 우바사와姥沢, 도야시키堂屋敷, 나나쓰다테七ッ館, 오치아이자와落合沢, 간논도観音堂, 가미야마神山 등의 광상이.

　거기서 가장 큰 것이 도야시키 광상이고, 광상 중에서는 주력광산으로 볼 수 있죠.

　광상이 그런 식으로 형태를 갖추고 흩어져 있으므로, 하나오카 광산은 말하자면 여러 개의 작은 광산의 집합체처럼 이루어져 있는 겁니다.

　그리고 그 광산은 산출하는 광석 종류가 많다는 점에서도 세계에서 드문 광산입니다.

　광산 한 곳에서만 금, 은, 동, 연, 아연, 중정석, 석고, py 등과 같이 여러 종류의 광물이 나오니까요.

　생성은 제3기, 혹은 4기 …… 아무튼 그 무렵의 열수교대작용[4]으로 생겼다든가, 침전해서 생겼다든가, 열하裂罅 충전[5]했다는 등 여러 가지 설이 존재하지만요.

하여간에 그러한 상태이고, 광상은 …… 거기뿐만 아니라 고사카小坂나 야나하라柵原 등도 그렇지만 흑광 광상[6]이라는 게 대단히 약해요. 게다가 뜨겁죠. 갱내가— 매우 뜨거워요.

함동유화광含銅硫化鑛 등도 있으며 거기에는 유황성분이 20~30% 있기 때문이죠."

숨 막히는 갱내 | 하모토 씨의 얘기대로 칸델라의 빛에 반사된 흑광의 표면은 흠뻑 땀이 배어 당장이라도 허물어질 듯 약하게 보였다. 그리고 그것은 갱도 천장뿐만 아니라 양 벽에서도 이미 휘어진 갱목의 틈새를 뚫고 무너지고 있었다. 그러한 부분이 채굴장은 물론, 주갱도主坑道와 갈림 갱도, 사갱도斜坑道 등 여러 곳에서 보였다.

그와 동시에 갱도 내에 가득 찬 열기와 습기와 유황냄새. 광차 레일까지 완전히 뒤덮은 응회진흙이나 유황진흙의 밀도와 깊이는 하모토 씨에게서 얻은 예비지식을 훨씬 뛰어넘는 것이었다.

....
4   (역주) 국지적인 열수와 암석의 상호작용으로 여러 반응이 일어나 광상 변형이 일어나는 현상.
5   (역주) 암석 중의 균열이 메워져 생기는 현상.
6   (역주) 구리, 납, 아연, 금, 은, 중정석, 석고 등을 산출하는 불규칙 덩어리상의 광상.

또한 그것은 전쟁 전 입갱한, 같은 현縣 내의 아라카와荒川나 오사리자와 광산 등, 광맥 형태를 지닌 광상의 갱내와는 비교가 되지 않을 정도의 위험도이며 답답함이었다.

그냥 걷고 있을 뿐인데도 전신은 땀으로 뒤범벅. 그곳에 찬 열기와 습기가 뼈 속까지 스며드는 느낌이었다. 안경은 온통 흐려 있었다. 안경을 목에 건 수건으로 계속 닦으며 우츠하시 씨에게 바짝 붙어 걸었다.

"게다가 그러한 광상 속에 ― 물론 이건 하나오카 광산의 모든 광상을 말합니다만, 모든 광상에 포함된 안전 매광량, 즉 일정한 광물이 확실히 들어 있다고 보이는 매광량은, 동 300만 톤, 유화철광 400만 톤, 석고 350만 톤, 그 외에도 많이 있으니까요. 그러니 전쟁 중엔 상당히 봉공奉公한 광산이 아닐까요?"

**하나오카 강
함몰 지점으로** | 하모토 씨가 말한 그대로였다.

도야시키 3번 갱이 끝나는 곳에 다다르자 당시 연락갱도 한 곳만을 통해 갱부가 왕래하던 이전의 나나쓰다테 갱이 있었다. 이 나나쓰다테 갱에 영향을 끼친 하나오카 강 함몰이야말로 정말이지 하나오카 사건의 구체적인 토대이고 도인이었다.

가능하면 당시 함몰된 그 장소까지 가고 싶다. 그렇게 바라며 땀이 밴 흑광의 갱벽을 헤치고 나아갔다.

그 전경에 펼쳐진 대상

그렇게 계속 걷고 있자니 '어이'라는 경계의 외침과 함께 마치 벼락이라도 치는 듯한 소리가 울려퍼졌다. 그 소리가 갱도 안 갱목에 전달돼 되돌아오자 광차가 여러 차례 전방과 후방에서 달려왔다.

그때마다 즉시 멈춰 서서 땀이 밴 광벽에 몸을 붙이고 광차가 지나가기를 기다렸지만, 고개만은 뒤로 돌려 운반부의 얼굴을 보았다. 하지만 그 얼굴과 반라 상태의 몸은 진흙과 땀, 꼭 붙잡은 광차와 함께 전신이 목숨을 건 채 튕겨 오르다가 한순간에 사라졌다.

전광련全鑛連
대회에서

하지만 그때마다 내 맘에 남은 적지 않은 미지의 사람들 모습은 더욱 짙어졌다.

나는 그 현지조사 불과 1주일 전에 바로 도야시키의 지주원支柱員이던 다바타 이치조田畑市藏 씨와 굴착원이던 닛타 겐이치로新田賢一郎 씨를 도쿄에서 만났다. 당시(1950년 8월 30일과 31일) 도쿄·교바시京橋공회당에서 전광련(전국금속광산 노동조합연합회)의 제14회 임시대회가 열렸던 것이다. 1년 전『아카하타』나『화교신문』에서 하나오카 사건 관계 기사를 접한 이래, 언젠가는 반드시 현지조사를 하려고 생각해왔던 나는 서둘러 방청 준비를 하고 외출했다. 기대한 대로 하나오카 광산 노조에서는 이 두 사람이 대의원으로 출석하고 있었다.

그때는 한국전쟁 발발(1950년 6월 25일) 2개월 후였다. 대회 슬로건은 '생산투쟁에 의한 광산부흥'에서부터 '최저임금제 확립', '광업정책 확립', '휴폐산, 임금인하, 해고 절대반대', '광산보안의 절대확보', '규폐병 대책의 완전실시' 등의 근래 요구사항 외에 '부당간섭, 탄압 절대반대', '요시다 반동내각 타도', '평화확보', '전면강화 촉진' 같은, 당시 정치상황을 반영한 내용과 '민주적 노동전선의 통일' 안건까지를 포함한 13항목이었다. 의제로는 이른바 한국전쟁 붐이라고 불린 미군 특수의 증대와 여러 광물 종류의 전반적인 물가 상승 분위기 속에서 광산자본, 특히 대자본이 새로 획득한 이윤이나 용도, 또한 금속광산 노동자가 직접 획득하려는 임금 요구 등이 구체적으로 보고·제안되고 있었다. 하지만 그중에서 잊을 수 없었던 것은 그 제안 중 '광업정책의 확립' 속에 다음의 1절(대회심의 자료에 의함)이 포함돼 있었다는 사실이다.

"소위 '조선 붐'이라고 불리는 현상은 4월 이후 주요 광물 종류의 인상으로 활기를 띠어 6월에 접어들어 비약적인 앙등을 보였다. (…중략…) 하지만 군수 경기는 영속성이 없고 불안정했으며, 그 반동의 두려움은 광산 노동자들로 하여금 뼈에 사무치게 하는 부분이었다. 우리들이 정부의 광업정책 확립을 요구하지 않을 수 없는 이유였다."

특히 '군수 경기의 불안정'성과 '그 반동의 두려움'에 대한 지적은 그것이 독립한 항목 중에서 강력히 거론된 내용은 아니었다 할지라도 '광산 노동자들로 하여금 뼈에 사무치게 하는' 문제로 열거됐던 것이다.

사건 재발에 대한 경고 │ 이 내용은 그대로 '하나오카 사건을 두 번 다시 되풀이해서는 안 된다'는 경고로 이어진다고 여겼는데, 그러한 문제를 의식하며 보낸 대회 중간의 휴식 시간에 나는 처음으로 다바타 씨와 닛타 씨를 만났다. 더욱이 이 두 사람에게는 대회 중에 하룻밤을 할애하게 하여 하나오카 사건의 사전과 사후, 사건 경위에 대해 얘기를 들었다.

"…… 전쟁 중에는 어디에서라도 그랬을 거라고 생각하지만 하나오카 갱내에도 조선인 징용공이 많이 있었죠. 특히 운반 일에 혹사당했어요."

어깨가 넓고 듬직한 편인 다바타 씨의 침착한 목소리가 마음에 새겨진 탓인지 난 지금 이 도야시키 3번 갱을 광차와 함께 미친 듯 통과하던 운반부의 모습에서 당시의 조선인 노동자를 떠올리고 있었다. 일찍이 나나쓰다테에서 목숨을 잃은 11명의 조선 동료 중에도 몇 명쯤 운반부가 포함돼 있었을 것이다.

"게다가 여자도 있었죠. 전쟁에서 남편을 잃은 미망인, 초등학교를 막 졸업한 어린애까지 갱내 작업을 강요당했으니까요."

그러자 다바타 씨보다 마른 편으로 연상인 듯한 닛타 씨도 고개를 끄덕이더니 말을 덧붙였다.

"…… 더욱이, …… 말하면 뭐하지만 그 갱내는 너무 더워서 아낙들도 우리 사내들과 똑같이 반라로 일할 수밖에요. 처자들은 어쨌든 …… 모두 소금을 핥는 상태여서 물만 벌컥벌컥 …….

일은 광석을 광차에 채우는 '광석 담는 일'이라든가 …… 소녀들은 다이너마이트 발파 시에 뇌관을 고정시키는 '점토를 만드는 일'이라든가 …… 그 외 여러 일을 했어요."

그와 같은 전시 갱내 노동의 원형이 이 암흑세계에 이중으로 겹쳐 나나쓰다테 사건 전경을 가로막는 느낌이었다.

전방에 펼쳐진 희미한 칸델라 등불. 그 등불에 비치는 거의 전라 상태의 갱부 3명. 모두가 흑광을 뒤로 하고 비스듬히 서서 움직이고 있었다. 갱목처럼 …….

살아 있는 지주원支柱員의 땀과 눈물

　우츠하시 씨와 함께 다가가서 보니 그 세 사람은 각각 전신이 구슬 땀투성이였다. 심지어 손톱까지 뜨거움이 전달되는 상황이었다. 더구나 깊은 진흙과 무너진 흑광의 부스러기에 정강이마저 잠겨 양 벽과 천장 — 특히 극한의 지점까지 흘러내린 상태의 천장 광벽에 머리를 받히지 않기 위해 흡사 '산 갱목'처럼 각자 몸의 자세를 비스듬히 취하고 있었다. 어떤 자는 발밑의 진흙 속에 옆으로 넘어져 있는 오래된 갱목을 치우고 새로운 갱목을 운반했다. 그리고 어떤 자는 삽을 쥐고 발붙일 곳을 가지런하게 정리하고 있었고, 어떤 자는 이미 광벽에 끼워져 있는 갱목을 단단히 고정시키기 위해 해머로 두드려 박고 있었다. 이른바 바꾸어 끼는 작업 중이었다.

암흑을 밝히는 칸델라　　하지만 위험천만한 암흑세계에서 중노동에 단 세 사람, 그리고 암흑을 비추는 주체가 단 3개의 칸델라라니.

　'더욱 인원을', '더욱 전등을', '더욱 안전 기재와 자재를'. 전광련 제

14회 대회 슬로건에 '광산 안전의 절대 확보'라는 항목이 들어 있었지만 난 그 항목 안에 새로이 이 세 가지를 포함시키지 않을 수 없다는 생각이 들었다.

동시에 먼저 들렀던 광산사무소 앞의 게시판에 부착된 각종 광석의 '당월 산출예정표'의 악착스런 숫자도 떠올랐다. 이 광산은 갱밖도 갱내도 다시 전쟁 상태 그대로 되어가는 것이 아닐까 하는 의문이 들었다.

지금 눈앞에서 작업을 하는 사람 중에는 다바타 씨도 닛타 씨도 없었지만(두 사람은 대회 후 용건으로 도쿄에 있었다), 내 귀에는 두 사람의 목소리가 분명히 남아 있었다.

갱목이 우지끈 | "전쟁 중의 갱내는 우리처럼 몇십 년이나 갱내 일을 해온 사람도 때때로 기분이 음산해질 정도였습니다. 너무나도 난굴이 심해서……. 특히 3번 교대(오후 10시부터 아침 6시까지 입갱) 때 등…… 착암기도 발파도 들리지 않는 정적을 깨고 이렇게 (그렇게 말하며 다바타 씨는 마디가 거친 양손으로 직경 1척 정도의 갱목 두께를 그려 보이며) 두꺼운 갱목이 이쪽저쪽에서 '우지끈, 우지끈' 하며 부러지는 소리가 갱도에 울려퍼져서 ……."

그러자 닛타 씨도 "그랬어요"라며 끼어들었다. "대체로 난굴에 치우쳐서, 기둥(안전상 절대로 파서 남겨두지 않으면 안 되는 광상 자체의 유지

기둥이라 할 부분)도 남기지 않았고, 충전작업(채굴 뒤의 붕괴를 막기 위해 모래나 시멘트로 충전하는 작업)도 그만둔 상태였으므로 산이 흔들리고 …… 즉 광상 전체, 갱내 전체가 흔들리는 것을, 다시 말하면 흘러내리는 것을 우리는 산이 흔들린다고 표현합니다만…….

그때는 정말로 하루에 몇 센티나 흘러내렸죠. 그러므로 아침에는 그럭저럭 반듯이 서서 갱도에 들어갈 수 있었는데, 저녁이 되어 돌아올 땐 허리를 구부리지 않으면 통과할 수 없는 경우도 있었어요.”

수직갱 조성 요구도 | 그러자 다바타 씨도 깊이 공감을 표시했다.
“정말입니다. 그 무렵의 갱내는 하루에 몇 센티나 내려앉았어요. 하지만 그 정도로 흔들리는 산을 지탱하려 해도 갱목은 없었고, 일손은 부족했죠. 그저 ‘또 증산, 증산’ 하며 마구 파댔으니 결국 하나오카 강 밑까지 꿰뚫어버렸던 거죠.

꿰뚫었어도 말이죠. 만일 그 나나쓰다테에 인도 수직갱만 팠더라면 그렇게 22명이나 희생되지 않았어요. 분명히 몇 사람은 인도 수직굴을 이용해 도망쳤을 테니까요.

그러니까…… 처음부터 그렇게 생각했기에 우리는 나나쓰다테 갱이 열릴 당시부터 광차 수직갱뿐만 아니라 반드시 인도 수직갱도 파도록 몇 번이나 회사에 요청했어요. 그런데도 회사는 파지 않았죠. 그렇게 끝까지 광차 수직갱만 팠고, 나나쓰다테 갱부의 왕복 때는 도야시키 갱 3번 갱도에서 나나쓰다테 갱 3번 갱도로 연결되는 연락갱도를 만들어 그것을 사용하게 했습니다. 하지만 하나오카 강은 정확히 그 연락갱도의 위를 십자 형태로 가로질러 흐르고 있었어요. 따라서 강 함몰과 함께 먼저 연락갱도가 붕괴됐고, 그와 동시에 나나쓰다테 갱부는 모두 독 안에 든 쥐가 되었죠.

우리 동생도 아직 한창 일할 나이인데도 그 함몰사고로 생매장됐어요."

"네? 다바타 씨의 동생도요?"

"그래요. 일본인 11명과 조선인 11명, 아니 처음엔 조선인 12명으로 합해서 23명이 생매장됐어요. 그 뒤 우리는 3일 주야로 정신없이 그 함몰 갱도에 들어가서 흙탕물에서 암반까지 모두 파내며 구출작업을 계속했죠. 구출한 대상은 단 한 사람, 조선인이었어요. 하지만 회사는 아직 함몰된 갱도 안에서 강철 끝이나 해머로 레일을 두드리며 신호를 보내는 사람이 있다고 하는데도 갱내 폐쇄 작업을 명령했어요. 우린 그때만큼은 너무 화가 나서, 화가 나서……."

어른스런 지주원 다바타 씨의 눈에 비친 눈물이 살아 있는 몸을 비스듬히 취하며 작업하는 세 사람의 땀으로 이어져 뭔가를 고발하는 듯했다.

나나쓰다테, 그 연락갱도 ……

　그곳은 사갱[7]이 붕괴된 장소였으며 바로 그 부근에서 채굴 현장이 보였다. 수작업으로 파낸 채굴 현장이었다. 부서져 내린 흑광이 물 뿌림당한 듯 흠뻑 젖어 그 부근에서 빛나고 있었다.

매우 새것인 화약고　　사갱을 통과해 잠시 지난 곳에서 처음으로 일용 노무자가 석고의 나암裸岩으로 조성한 갱목 없는 갱도를 만났다. 그 앞에 화약고, 갱부 식당, 그리고 화약고와 제법 단단한 암반 사이에 끼워넣은 듯이 세워진 방들이 줄지어 있었다.

　한 곳의 화약고 안에서 우츠하시 씨는 두꺼운 종이 상자에 가지런히 늘어선 다이너마이트 한 개를 집어 들고 종이를 넘기며 '만져보겠습니까' 하며 내밀었다. "갱내에서 사용하는 다이너마이트는 노천露天에서 사용하는 것의 배나 큰 크기예요"라고 가르쳐줬다. 그리고 내

7　(역주) 비스듬히 판 갱도.

가 "이렇게 가까이 화약고가 두 군데나 있군요. 이렇게 위험한 갱내에"라고 무심코 중얼거린 말에 대해서는,

"네. 화약고는 갱밖보다 갱내가 훨씬 안전하니까요. 만일 사고가 있었다고 해도 가옥을 부수거나 하는 외부의 영향은 없어요. 게다가 외부는 사상 문제로 시끄럽잖아요"라고 말했는데 정말이지 나로서는 납득할 수 없는 내용이었다.

매우 새것인 화약고의 형태와 갱부 식당 목재의 낡은 상태가 비교되었다. 갱부 식당 안에는 식탁과 의자가 놓여 있었고 아래에 토방이 있었다. 탈의상자 등은 없었다.

전쟁 때는 막 초등학교를 나온 소녀들에게 안코(발파 시의 뇌관을 안정시키기 위한 점토봉)를 만들게 하는 장소였다.

갑자기 우츠하시 씨가 말했다.

"난 여기서 전쟁 중에 여자를 300명, 중국인도 200명을 부렸죠. 중국인은 운반부로 부렸어요. 그런데 갱내 열기에는 남자보다 여자가 훨씬 강했고 능률도 높았어요."

"네? 여자가요?"

무심코 반문했다. 아무리 뜨거워도 남자처럼 전라가 되는 것은 피했으리라 생각되는 여자의 조신함과 강제로 길러진 강한 인내심이 전쟁 중에 '부리는 자 입장'에 서 있던 우츠하시 씨에게는 '강인함'이나 '능력'으로 받아들여진 것일까?

'광업법' 규정 | 일본의 광업법이 처음으로 '광업권자는 16세 미만인 자와 여자에게 갱내에서 취업을 할 수 있게 한다'고 광부 취업부조규칙을 개정한 것은 1928년쇼와 3. 그러나 이 규칙은 계속해서 광업권자에게 유리한 특례로 작용했고 사실상 미성년자와 여자 갱내노동의 길을 열었다. 드디어 중일전쟁이 공식적으로 시작된 이듬해인 1938년에는 25세 이상의 여자 갱내노동 또한 공공연히 인정받았으며 이윽고 대전 말기가 되자 16세 이상 모든 여자의 갱내노동이 전면적으로 시행되었다.

한편 우츠하시 씨가 언급한 200명의 중국인 포로는 수로변경 공사나 댐 공사에 가시마구미가 혹사한 포로와는 별도로, 당시 '후지타구미藤田組 하나오카 광산'이 직접 부린 포로를 가리키는 것으로 이해되었다. 이를 후일 출판된 『풀의 묘표墓標―중국인 강제 연행 사건의 기록』에서 확인하면 '당시 가시마구미 출장소에 계 986명, 도와同和(당시 후지타구미) 하나오카 광산에 298명'의 포로가 연행된 사실이 기록되어 있다. 또 당시의 가시마구미 하나오카 출장소의 '사업보고서'에 따르면 연행한 이유로 "전시하 생산력 확충계획에 의해 주식회사 후지타구미 하나오카 광업소에서 일본산 2천 톤 생산설비의 선광부대 공사를 매우 긴급히 단기간 내에 완성하기 위해 대량의 노무자를 필요"로 한 사실을 서술한다. 나나쓰다테 함몰 배경인, 내부에 존재한 이 광산의 참으로 긴급했던 전시하의 생산력 확충계획 그 자체를 규명하지 않고 논하고 있는 것이다……

**들려오는
물소리**

하지만 그때 나는 우츠하시 씨에게 그에 대한 의문을 포함한 질문의 준비도 하지 않은 채 갑자기 들려오기 시작한 물소리에 사로잡혔다. 그것은 갱내 지하수를 각 갱도마다 하부로 떨어뜨려 마지막에는 4번 갱도에서 갱밖으로 흘려보내기 위한 낙하 소리였다.

"그런데 착암작업[8] 현장은 볼 수 없나요?"

"아뇨, 착암은 벌써 끝났는데요."

그렇게 말하며 잠시 앞에 서 있던 우츠하시 씨가 걸음을 갑자기 멈추었다. 획 하고 칸델라가 전방으로 치켜올려졌다고 생각하자 "폐갱입니다"라고 짧게 알리는 소리가 들렸다.

"네?"

무심코 다가가 확인하자 3번 갱도는 그곳에서 딱 멈추었고 귀에 들리는 모든 소리도 그곳에서 끊어졌으며 정신이 혼미할 듯한 암흑과 열기와 정숙함만이 그곳에 응고되어 있었다.

'나나쓰다테다. 그 연락갱도다.'

나는 마음속으로 외쳤다.

. . . .
8   (역주) 바위에 구멍을 뚫는 작업.

언젠가는 나나쓰다테의 유골도

나도 칸델라를 치켜들었다.

폐쇄 부분은 콘크리트였다.

"난 그때만은 화가 치밀어서, 화가 치밀어서 ……."

**그 벽
저편에**

다시 다바타 씨의 목소리가 되살아나더니 내 귀에는 암흑으로 가린 콘크리트 벽 저편에 이미 백골이 되었을 22명 사망자의 당시 모습이 그대로 떠올랐다.

"살려줘!"

그 외침이 들렸다. 그들은 피부도 살도 닳아서 해질 때까지 암반을 더듬어 달아날 출구를 찾았다. 겨우 뼈만 남은 손가락을 구부려 해머와 강철 끌과 곡괭이를 쥐고 손으로 계속 더듬어서 찾은 레일을 두드리며 신호를 보내던 사람의 간절한 마음이 떠올랐다.

더구나 그때 회사는 "광상鑛床이 쓸모없게 되므로"라는 이유로 그 사람들의 유일한 숨구멍이던 이 갱도의 폐쇄를 명령했던 것이다.

나나쓰다테 사건에 앞서서 이 광산에는 이른바 '참으로 긴급했던

증산체제'-'일본산 2천 톤 생산설비의 선광부대공사'가 있었던 것에 대해서는 앞에서 기술했다.

　가시마구미 하나오카 출장소의 '사업장보고서'는 더 나아가 "2천 톤 생산설비의 선광부대공사를 최대한 긴급히 단기간 내에 완성하기 위해 대량의 노무자를 필요로 하여 그 획득에 노력했다. 하지만 때마침 국운이 걸린 대동아전쟁이 중기에서 후기에 이르렀고 일본인 및 조선인 노무자의 충원은 매우 어려운 상태였다. 그 유일한 해결책으로 1942년 11월 27일 일본정부가 결정한 '중국인 노무자 일본유입에 관한 건'에 의거, 중국인 노무자를 급거 유입해 노동을 시켰다. 그리하여 가급적 신속히 공사 준공을 기하려고 했다"는 내용을 분명히 밝히고 있다.

　그리고 실제로 그렇게 긴급한 공사의 준공을 근원적으로 요구한 주체가 다름 아닌 '대동아전쟁'에 국운을 건 당시의 일본정부 자신이 었다는 점도 의심할 여지없이 증명하고 있다.

인민의 생명을 빼앗다 | 물론 상기의 정부 결정으로 소위 '중국인 노무자'의 노동력을 얻은 대상은 단지 가시마구미나 후지타구미뿐만이 아니었다.

　기록 『풀의 묘표』가 「서문」에서 명백히 밝히고 있듯이 근본적으로 "중국인 강제 연행 사건은 전쟁 말기 도조 내각의 각의 결정으로 중국에서 약 4만 명의 중국인을 일본으로 강제 연행해 전국의 광산,

항만, 토목공사 현장 등에서 노역을 시켰고 그중 약 7천 명을 죽음에 이르게 한" 사건이었다. 여기서 말하는 '하나오카 사건'도 그 일부분에 지나지 않는다.

하지만 그 일부분에 지나지 않는 그 사건에서도 궁극적으로 당시의 침략적 군국주의 정부야말로 이처럼 잔인하게 자국에서 일하는 인민 한 사람 한 사람의, 또한 조선인민 한 사람 한 사람의 생명을 무참히 빼앗고, 혹은 빼앗게 하여, 이에 대한 인민의 어떠한 항의도 묵살하기를 주저하지 않는 체제를 강요한 점. 그 위에 군림하며 타국 인민의 생명을 빼앗고 혹은 빼앗게 하는 행위로 돌진한 참 주인공이었다는 점을 새삼 우리들에게 일깨우는 것이다.

"…… 강제 연행으로 끌려온 중국인 포로의 유골뿐만 아니라 언젠가는 나나쓰다테 22명의 유골도 정부와 후지타구미로 하여금 발굴하게 해야—"

"우리들도 그 점에 대해선 항상 생각하고 있습니다 …….''

다바타 씨 등과 그 밤에 나눴던 얘기의 결론은 어느새 그렇게 귀착됐지만, 그 결론도 이 폐쇄의 죄를 의식하며 내 마음에 되살아나는 것이었다.

꽃이 끊이지 않는 함몰지 터

손을 뻗어서 만지면 모든 갱벽과 마찬가지로 은근히 뜨겁게 습기가 차 있는 그 콘크리트 벽의 단단함. 그 단단함을 자신의 손으로 분명히 확인한 뒤 나는 우츠하시 씨와 함께 이윽고 그곳을 떠났지만 내 생각은 이후 20여 년 동안 그곳에서 사라지지 않고 머물러 있다.

더욱이 유족 다바타 이치조 씨의 목소리를 다시 한 번 되새기게 된다.

"회사가 폐쇄시킨 건 갱도뿐만이 아니에요. 갱밖의 함몰지는 함몰지대로 야음을 틈타 트럭에 흙과 모래를 싣고 와서 위에서부터 눌러 부수었어요. 낮에 하면 유족을 비롯해 광부들의 노여움을 사기 때문이죠.

······ 그렇게 눌러 부수고 땅을 골라서 주위를 철조망으로 감쌌어요. 갱부들의 노여움에 대비해서 ······.

하지만 유족과 광부는 들어갔죠. 도저히 들어갈 수 없을 때는 꽃이라도 던졌어요. 지금도 그 함몰지 터에 꽃은 끊이지 않아요 ······."

나나쓰다테 터에 꽃은 끊이지 않는다

다음날 이른 아침 하나오카 광산 위의 하늘은 맑게 개어 있었다.

운 좋게 좋은 날씨였지만 이 광산에는 황산가스를 배출하는 제련시설이 없었다(다이쇼 초기까지 있었지만 부근 농민의 광독 배상투쟁이 이를 폐쇄로 몰아넣은 경과에 대해서는 다음 기회에 언급하려고 한다).

우바사와姥沢를
향하여

이날 우바사와 행의 선두에 선 사람은 전쟁 중에 조국에서 강제 연행돼 갖은 고난을 극복하고 지금은 광산지 내의 가미야마神山라는 부락에서 일본인 부인, 어린애와 함께 세대를 이루고 있는 김일수金一秀 씨. 김일수 씨는 당시 희생당한 중국인 포로의 유족대표를 직접 맡고 있던 터였다. 이틀 전부터 입산해 이미 유골 수습에 임하고 있던 재일중국인 학생 서너 명에다가 나를 포함한 일행은 아직 젊은 아버지인 김일수 씨의 한마디 한마디를 귀담아 들으면서 우바사와를 향해 걷기 시작했다.

이 광산마을 전체는 해발 백 미터 내외의 분지에 펼쳐져 있는데,

광산사무소 서쪽에서부터 북쪽까지 에워싼 산들은 3백 미터에서 5백 미터 내외. 하나오카 강은 분지의 거의 한가운데를 남쪽을 향해 흐르고 있었고 이 광산의 수많은 광상 대부분은 강 서쪽에 가로놓여 있었다. 그곳이 땅 위에 설립된 광차용 수직갱의 전망대 위치였다고도 이해할 수 있다.

가미야마 부락은 분지 내에서도 조금 높고 돌멩이투성이의 대지에 펼쳐져 있었다. 그리고 바로 옆에는 가미야마 광상에서 나온 폐석더미나 광석을 반송하는 인클라인 설비 등도 보였다. 나나쓰다테나 도야시키 광상에서도 비교적 가까운 곳이었다.

그 빈터 아래에 | 일단 가미야마 부락 언덕을 내려가자 김 씨는 무엇보다 먼저 도야시키의 광차 수직갱을 손가락으로 가리켰다. 그리고 그 손가락에 인접하는 조금 넓은 빈터를 향해,

"보세요……, 저게…… 저, 아직도 철조망으로 둘러싸여 있는 빈터가 나나쓰다테 터에요."

"저 빈터가…… 그런가요?…… 어제 난 덕분에 도야시키 3번 갱에서 곧바로 저 아래의 닿을까 말까 한 곳까지 갔는데요……."

말하는 동안에 문득 전날 우츠하시 씨와 함께 서서 보았던 연락갱도 콘크리트의 폐쇄 문이 눈에 어른거렸지만 나는 그것에 대해서는 언급하지 않았다. 그저 조용히 나나쓰다테의 옛 장소인 빈터로 눈길

을 돌렸다. 그곳은 주위를 둘러싼 철조망만 없다면 보통의 빈터와 전혀 다르지 않은 곳이었다. 하지만 내 눈에는 그 땅밑 부분, 그 깊은 곳에 파묻힌 채 그대로 있는 22명의 백골의 소재가 지금에야말로 확실히 되살아나는 느낌이었다. 그래서 실제로 보이는 그 빈터 한 곳에 희끗희끗 흔들리고 있는 것이 무엇이냐고 김 씨에게 묻자,

"저 흰 것은 꽃이에요. 바람에 조금씩 움직이고 있는 것. 지금도 저곳에는 연중 공양의 꽃이 피어오르고 있죠……. 저 밑에 아직 22명의 유골이 그대로 있기 때문에 ……."

나는 그렇게 말하는 김 씨에게 대답할 말도 없어서 깊게 고개를 끄덕였다. "지금도 나나쓰다테 터에 꽃은 끊이지 않는다"고 얘기한 다바타 이치조 씨의 말은 진실이었던 것이다.

사고 현장에 묵도 | 김 씨는 계속해서 "함몰 전까지 저 나나쓰다테의 바로 앞은 도나리구미[9] 밭이었는데 당시에도 저 부근 연립주택의 할머니가 밭일을 하고 있었어요. 흔들흔들 발밑의 땅과 저편 나나쓰다테의 수직갱 전망대 다리가 거의 동시에 흔들리기 시작한다고 느낀 순간 계속 아래에서 물이 솟아올랐죠. 할머니는 깜짝 놀라 곧장 연립주택으로 돌아와 알렸어요. 그 뒤 조금 지나 이윽고 저녁종이 울렸습니다. 광산과 마을 사람 모

．．．．．．．

9 (역주) 제2차 세계대전 당시, 국민을 통제하기 위해 만든 지역의 최말단 조직.

두가 달려와서 물을 퍼냈어요. 멀리서도 응원팀이 왔고, …… 갱내는 갱내대로 구출작업을 했죠. 하지만, …… 하지만 더 이상 어찌할 수 없었어요. 단지 한 사람, 조선인이 구출되었는데 나머지 22명은 …… 회사는 전혀 구할 마음이 없었습니다. 증산 제일. 무리하게 폐쇄를 명령했으니까 …….

그렇게 이어가는 김 씨의 목소리에도 다바타 씨 일행의 목소리와 마찬가지로 깊은 노여움이 배어 있었다.

나나쓰다테 터에 마음속으로 묵도를 올린 뒤 하나오카 강을 따라 이어진 길로 나와 상류를 향해 계속 걸었다. 40분 정도 경과한 시점이었다. 어느덧 분지에 펼쳐진 광산마을을 뒤로 하고 전방에 산 계곡의 풍경이 보일 즈음 우리들 곁에는 때마침 가뭄에 마르기 시작한 한 줄기 냇물이 우뚝 솟은 콘크리트의 바닥 밑으로 살짝 보였다. 전방으로 나아감에 따라 그 측벽은 꾸불꾸불 급경사 언덕의 산길로 이어져 있다. 정연히 구축된 제방과 가운데 산을 꿰뚫어 대규모로 깎아낸 도로의 전망, 그리고 매우 높고 깊은 콘크리트 수로용 측벽의 너울거림 …….

그 너울거림이 시야에서 사라진 부근이 문제의 수로변경 공사의 기점으로 알려져 있다.

푸르스름한 하늘 아래 땅 냄새가 밴 산 계곡의 조용한 곳이었지만 설명하는 김 씨의 목소리에는 격한 분노가 서려 있었다.

"이 수로공사는 전부 중국 포로가 했죠. 산을 깎아 도로 내는 일부터 흙 나르기, 제방 만들기, 콘크리트. 하나에서 열까지 곡괭이, 삽,

못코[10]만을 도구로 사용했고 그 외는 단 한 대의 기계도 사용하지 않고 했어요 ……."

신쇼지信正寺로, 그곳에는 ……

"그 외는 단 한 대의 기계도 사용하지 않고 했다"고 언급한 김 씨가 특별히 역점을 둔 말을 나는 그 뒤에도 오래도록 상기했다.

**기계도
사용하지 않고**

전쟁 중에는 갱내 등에도 착암기가 부족해서 그저 소량의 착암기를 이쪽 채굴현장에서 저쪽 채굴현장으로 끊임없이 옮기며 사용했다는 점에 대해서는 다바타 씨나 닛타 씨에게 들었다. 하지만 기계 부족에서 오는 그와 같은 상황은 갱밖의 전쟁터에서도 공통으로 느끼는 것이 아니었을까? 하물며 '적성敵性'이라는 한 단어가 상징하듯 격렬한 증오의 대상이었던 중국인 포로의 노역에 어찌 전시의 자본가가 좋은 기재를 투입하려는 생각을 하겠는가?

내가 '오래도록 상기'한 내용은 그 부분이다.

그러나 나는 최초 조사 당시 카메라도 준비하지 않은 채(실은 카메라를 생각할 상황이 아니었다) 나선 것을 지금에 와서 후회한다. 수로공사 기점을 눈으로 확인하며 둘러보았을 때 본 상당한 거리에 이르는 콘크리트 측벽의 멋진 너울거림이나 산을 깎아낸 도로의 정연한 경사면은 잊을 수 없다. 그것이 앞서 언급한 대로 채 1년도 안 되는 단기간에 3차에 걸쳐 강제 연행된 986명의, 게다가 대다수가 이미 피골이 상접한 중국인 포로의 노동의 성과라는 사실. 더구나 그 포로들은 이 지역에서 매일 기아와 곤봉, 린치에 시달리고 죽음과 마주하며, 혹은 실제로 매일처럼 죽어가는 동료의 모습을 눈으로 확인하면서 해냈던 것이다. 그뿐만 아니라 중국인 포로들은 광재鑛滓침전용의 댐 공사나 지하수로 공사, 하나오카 강 이외의 하수(오모리 강大森川)의 개수공사 등에도 동원되었다.

당시 포로들의 모습에 대해서 김 씨는 증언했다.[11]

길 위의 음식도 주워

"그 사람들은 겨울에도 알몸뚱이에 가까운 넝마 한 장, 등에는 눈을 피하기 위한 멍석, 다리에는 누더기 짚을 두른 상태로 얼어붙은 물속에 정강이에서 허벅지까지 담그고 일해야 했어요. 게다가 먹을 건 겨가 섞인 만두 한 개뿐……. 그러니 배가 고파서 견디지 못해요. 길에 떨어진 음식은 뭐든지 입에 넣고 맙니다. 그러면 감독이 곤봉으로 구타하죠.

· · · · · · · ·
11 (저자 주) 김 씨의 증언이나 뒤에 언급되는 다바타 씨의 말은 『풀의 묘표』에도 일부 인용되어 있다는 것을 여기에 밝혀둔다.

당시의 그들 고통에 대해선 표현할 수가 없어요 ……."

당시 이 광산에 강제 징용된 조선인 노동자는 3천 명. 김 씨 등과 같은 젊은이는 5개의 조선인 전용 기숙사에 나뉘어 배치되었다. 언제나 '경계警戒'라고 불리는 직제職制의 감독 아래 감시를 당했고 중국인 포로와의 접근은 일본인 노동자 이상으로 엄중히 금지되고 있었다.

하지만 일과시간 외에 '경계'의 인솔로 산전개간 작업 등에 동원되었을 때 우연히 포로가 있는 장소 현장에 접어들면 김 씨 일행은 소량이지만 지니고 있던 감자나 담배꽁초를 일부러 포로들 눈에 띄도록 떨어뜨리고 갔다고 한다.

"이쪽도 물건을 떨어뜨리는 걸 '경계'에게 들키면 구타를 당해요. 저쪽은 저쪽대로 가시마구미의 십장什長이 붙어 있으므로 놈들이 반대편을 보고 있지 않으면 떨어뜨릴 수가 없죠. 그러니까 간단하지가 않습니다 ……. 하지만 조금이라도 먹을 것이 있으면 …… 담배가 있으면 떨어뜨리지 않고는 배길 수 없어요 ……. 그래서 떨어뜨려요 ……. 하지만 만일 포로가 그걸 줍는 모습을 보면 감독이 반죽음 상태로 몰아넣죠……. 그래서 포로들은 구르는 흉내를 하며 줍고는 곧바로 입에 넣어요 ……. 물도 그런 흉내를 내며 마시죠 ……."

김 씨는 말을 이었다.

"나중에 우바사와에 가면 알겠지만 거기엔 좁은 냇물이 있어요. 언젠가 우리가 여느 때처럼 밭 개간 일을 마치고 돌아오는 길에 그 부근을 지나치고 있었습니다. 그때 우연히 공사현장에서 돌아오는 포로들과 마주쳤는데, 포로들은 그 냇물에 이르자 연이어서 굴렀어요. 구른다고 느끼는 순간 감독이 뛰어와서 곤봉으로 구타하고 있었어요.

"이 녀석들, 또 구르는 흉내를 내며 물 마시는 거지!"

그렇게 말하며 구르는 포로를 온힘을 다해 두들겨 패고 있었죠…….

그곳은 나중에 우바사와에 가면 알거예요…….."

신쇼지에　｜　김 씨는 말을 멈추다가 되살아나는 노여움을 억누르며 내뱉듯이 얘기했다.

"……평평한 습지처럼 되어 있는데 거기에 좁지만 깨끗한 냇물이 한 줄기 흐르고 있죠. 여름엔 목이 마르면 누구나 손으로 뜨거나 입을 대고 마시고 싶어 해요.

…… 포로는 평소 물도 충분히 마실 수 없죠……. 가시마구미가 한 사람 한 사람 죽을 정도로 곤봉으로 구타했으니…….

하지만 우선 신쇼지에 들릅시다. 그곳엔 어제 우바사와에서 파낸 유골이 가득 있어요…….."

이제는 모든 이가 볼 수 있는 장소에

　도중에 들른 신쇼지 주위에는 인가가 거의 없었다. 작은 산이나 전원이 펼쳐진 고요함 속에 들어서 있었는데, 이 절에서 내가 본 것은 최근에 만든 나무상자에 담겨 흰 천으로 싸인 상태로 본당 깊은 벽 옆에 조용히 안치된 몇 개의 유골이었다.

유골에 섞인　　　동행의 재일중국인 학생이 김 씨의 안내로 이미
담뱃대　　　　　전날에 수집한 유골을 우선 그런 형태로 안치했
　　　　　　　　던 것이다.

　상자를 덮은 흰 천을 차례로 풀어보니 그것은 틀림없이 인간의 턱뼈, 두개골, 어깨뼈, 쇄골, 사지의 뼈, 무수한 치아 등을 겹겹이 쌓은 것이었다.

　"그곳에는 아직 더 있죠. 많이 있어요."

　점점 격해지는 분노의 마음으로 말하는 김 씨 옆에서 중국인 학생한 사람이 "이건 중국 담뱃대에요. 뼈 속에 섞여 있었어요"라며 하나의 상자 속 유골 사이로 보이던 담뱃대 하나를 집어서 보여주었다.

그것은 얼핏 보아도 분명히 일본의 담뱃대와는 형태가 다른, 두껍고 짧은 담뱃대였다. 눌은 자국인지 부식된 자국인지 구별이 되지 않는 얼룩이 있었다.

"이게 …… 과연 …….."

나는 그것을 손으로 받아 곰곰이 살펴보며 '자신의 조국 중국 땅에서 그 담뱃대를 물고 있던 사람은 어쩌면 농민이 아니었을까, 그 사람은 어떻게 해서 끌려오게 되었을까' 하고 상상했다. 그리고 전쟁 중인 '하나오카'에서 그 사람처럼 천 명에 가까운 포로가 겪은 원한과 증오의 일상을 상상했다.

유골 하나하나, 한 조각 한 조각, 한 알맹이 한 알맹이가 희다기보다 오히려 흙색을 띠고 있는 것은 이 포로들이 보통의 관행에 따라 '화장'된 것도 '토장'된 것도 아님을 생생히 내 눈앞에 증명해 주었다.

어둠 속에서 들려온 울음소리 | 나는 나나쓰다테에서 살아 있는 채로— 어떤 자는 광차에 매달려, 어떤 자는 해머에, 어떤 자는 착암기에 매달린 채로 절명한 22명의 '유골'도 동시에 눈에 떠올리지 않을 수 없었다. 나나쓰다테에서 혈육을 잃은 다바타 씨의 목소리도 귓가에 되살아나는 느낌이었다.

"…… 전쟁 중에는 우리도 괴로웠고 조선인도 괴로웠지만 중국인 포로는 더더욱 고통스러웠죠. 무엇보다 먹을 것 부족이 심했고 노동의 과중에 대해서는 도저히 일본인이나 조선인과 비교가 되지 않았으니까요 ······.

여름철 한낮의 일인데, 난 세 번째로 투입되는 조여서 연립주택에 있었죠. 그러는 동안에 날도 완전히 저물어 주위가 어둑해진 뒤 문득 울음소리가 귀에 들렸어요 ······. 나와 보니 그 사람들이었어요. 수로 공사에 사용하는 상당히 긴 삼나무 입목의 끝과 끝을 둘이서 붙들고 짊어지고 있었습니다. 두 사람 다 얼굴은 보이지 않았지만 다리는 부젓가락처럼 야위어 있었어요 ······. 배가 고팠겠죠. 나무는 무거웠고요 ······. 두 사람은 마치 네다섯 살의 어린애가 무턱대고 슬퍼서 울 때처럼 어두운 곳에서 나무의 무게 때문에 비틀거리며 이처럼 목소리를 죽이고 울고 있었던 겁니다 ······. 그러자 옆에 붙어 있던 감독이 보란 듯이 곤봉으로 두들겨 팼어요 ······."

참기 어려운 자책감을 담아 흘린 얘기였다.

주워 수습한 유골 │ 신쇼지에는 패전 당시 가시마구미가 이 지역에 대두한 조일 민주세력의 재촉에 크게 당황해 수습한 유골 일부도 안치되어 있었다. 그런데 그들 유골이 여기에서 중국 민주세력에게 건네져 대대적으로 위령제라도 거행된다면 결국 자신들의 포로학대 행위는 일본 내에 알려질 것이라며 지금도 대단히 두려워하고 있다고 한다. 그 두려움은 가시마구미뿐만 아니라 관청이나 경찰, 현縣 당국도 느끼고 있다고 한다. 그게 점점 몸에 스며들어 이해되는 느낌이었다.

실제로 이곳 주지승마저도 조금도 목소리를 내지 못했고 그저 조용히 흙색이 밴 유골의 퇴적堆積과 우리를 지켜보고 있는 것 같았다.

이곳 신쇼지에서 10분도 채 걸리지 않는 산그늘. 반듯한 길도 없는, 완전히 마을에서 떨어진 산그늘에 이 지방 당국에서 강제로 정해 가시마구미가 마지못해 세웠다고 하는 '묘'가 있었다. 새겨진 비문은 '중국인 사망자 추선 고간苦艱탑'. 이 비석의 정면 왼쪽에는 오래된 은행나무가 한 그루 서 있었다. 온통 낙엽이 깔려 있었고 가을 매미 소리가 끊임없이 이어졌다.

하지만 '사망자'나 '고간'이라는 의미는 무엇을 위한 '사망'이고 '고간'일까? 그리고 어째서 이렇게 마을에서 떨어진 장소에 이 비석이 세워져야만 했을까?

"이제 우리는 하나오카를 방문하는 모든 사람들이 볼 수 있는 장소에 위령비를 세워야 한다. 그 비석을 보는 사람들이 모두 마음속으로 '하나오카 사건을 반복해서는 안 된다', '진심으로 두 번 다시 침략전쟁을 용인해서는 안 된다'고 결심해야 한다. 그리고 그런 이유에서 진정한 민주 일본의 건설에 매진할 수 있도록 비석을—"

그런 얘기를 나누며 우리들은 이 비석을 뒤로 하고 드디어 우바사와 쪽을 향해 발걸음을 재촉했다.

우바사와에 버린 고문 사체

**우바사와에
도착하다**

이윽고 도착한 우바사와는 하나오카 광산광업소
뒷산 계곡이었는데 주위는 낮지만 산과 산에 에워
싸여 있었다. 당시 전기 셔블이 들어가 대규모의
노천 채굴을 시작한 새 광상이어서 어두운 곳으로 변해 있었지만 발
파 소리도 삽 소리도 산에 막혀서 거의 들리지 않았다.

당시 '재일화교민주촉진회'의 유지들이 그 지역에 대두하고 있던
민주세력으로부터 보고를 받아 신속히 산을 방문해 조사한 내용에
따르면 중국인 포로들은 이 계곡에 가시마구미가 세운 나카야마中山
라는 기숙사에 입실해 있었다. 일본 군대식 조직 강요로 대대장, 중
대장 이하 반장 등은 중국인 포로 중에서 선정되었다. 그리고 일본인
경비원(아마 가시마구미 소속 감독이었으리라) 10명이 감시하고 있었다고
한다. 취사 담당은 일본인 4명과 중국인 1명. 물론 실권은 배급식량
의 부정유출 행위를 포함해서 일본인이 쥐고 있었다.

포로들은 이 계곡에서 아침 일찍 차례로 늘어서 공사현장으로 끌
려갔으며 일몰 후에 돌아와 또 식량증산의 구실로 관목투성이의 산
경사면을 밭으로 일구는 노동에 내몰렸다.

그 밭이 지금 내 눈앞에 펼쳐져 있다.

밭 일부분에 자라나 있는 것은 팥인 듯 보였는데, 마치 모든 힘을 쏟는 듯 한껏 우거져 있다.

나카야마 기숙사로 불리는 수용소는 완전히 철거돼 거의 흔적을 찾아볼 수 없었다. 당시 취사장이었던 장소에서 겨우 부뚜막이나 솥 등의 잔해가 눈에 띌 뿐이었다.

"아아, 그 냇물이 보인다 ……."

나는 무심코 그렇게 외칠 뻔했다. 이 계곡 중간엔 폭 60센티에도 못 미치는 맑은 물이 흐르고 있었고 유심히 보니 간간이 작은 물고기가 헤엄치고 있었다.

겨울에는 이 계곡도 그 냇물도 저 산들도 쌓인 눈 밑에 있겠지만 봄 중순부터 가을에 걸쳐 이 작은 계곡은 이 상태로 조용히 계속 흐를 것이다. 틀림없이 마음껏 물을 뱃속에 채워넣을 수 없었던 포로들의 눈을 사로잡았을 것이다.

봉기 결의를 하게 한 것 | "김 씨 당신이 신쇼지에서 얘기했던 좁은 냇물이라는 게 이거죠? 이 물을 마시려고 포로들이 여기서 ……."

"그래요, 여기서 일부러 굴러 손으로 떠서 마시려고 하거나 입을 대고 마시려는 포로를 가시마구미 감독이 호되게 구타했죠 ……."

김 씨는 구석구석 계곡을 안내했다. 또한 손가락으로 가리키면서 그곳에 포로들이 기거하는 수용소가 세 동 위로 나란히 세워졌으며, 가시마구미 감독들이 기거하는 방, 식당, 취사, 식량 창고 등이 딸린 한 동은 옆에 ― 즉 세 동 수용소의 출입구와 마주보는 위치에 세워진 것과 그 외에 병에 걸린 포로를 수용한 작은 건물이 있던 사실에 대해서도 설명했다.

그리고 1945년 6월 30일 심야 ― 그때까지 여기에서 생명을 유지하던 포로들이 결국 단결하여 수용소에서 기아를 강요하던 일본인 취사 담당 4명을 직접 제거한 후 창고의 식량을 가지고 결사 봉기를 일으킨 경과에 대해서도 언급했다. 김 씨 입장에서는 이 봉기의 최대의 원인인 동시에 직접적 원인은 기아였으리라는 견해를 보였다. 하지만 봉기 결의를 하게 한 것은 침략자 일본제국주의와 그것을 직접 체현한 주체 가시마구미 감독들이 아니었던가? ― 그렇게 나는 생각했다. 이 봉기에서 포로 중 임봉기任鳳岐라는 배신자도 죽임을 당했다고 들은 것은 후일이었다.

**산과 산을
포위하여**　│　봉기가 일어난 다음날 7월 1일 새벽, 하나오카 분지를 둘러싼 모든 산은 헌병, 경찰, 민경이 총동원되는 상황에서 포위되었다. 포로들은 차례로 체포되어 트럭에 실려 이 광산의 유일한 극장 교라쿠칸共楽館 앞으로 끌려왔다. 그리고 트럭 위에서부터 무참하게 두들겨 맞으며 광장으로 하차해야 했다. (교라쿠칸에서 이 조사 수일 전에 〈들어라, 바다신의 목소리〉[12]가

상영된 것에 대해서는 전날 좌담회에서 들었다.)

　두들겨 맞으며 강제로 하차한 포로들은 모두 두 사람씩 한 조로 묶여 폭염 속의 광장에서 주야로 3일 동안 한 방울의 물도 제공받지 못했다. 용변을 보려는 것까지도 곤봉으로 제압당했다. 경관들은 주모자로 몰린 포로들을 관내에서 때리고, 차고, 밟고, 거꾸로 매달았다. 포로들은 죽음을 기다리다가 물을 뒤집어쓴 채 또 새로운 폭력을 당했다. ─ 이처럼 고문을 당해 금세 숨을 거두었다.

　이 모습에 발길을 멈추고 '불쌍하다'고 무심결에 내뱉은 사람은 '비국민이다. 따라와'라며 소리치는 경관에게 끌려가는 상황이었다. 그리하여 살해당한 자와 숨이 끊어져가는 자는 땔나무처럼 우바사와로 옮겨져 7~10일 동안 산중턱 땅구덩이에 쌓여 사체의 산이 형성되었다. 그 사체의 산으로 우리들은 한 발 한 발 다가가서 종전 후 가시마구미가 당황해 허둥거리며 사체의 잔해를 집어넣기 위해 파낸 땅구덩이를 일일이 발로 확인하였다. (당시 필자가 급하게 기록해 『새로운 세계』 1951년 신년호에 게재한 짧은 문장에 대부분 의거해 가필한 것임을 밝혀둔다.)

- - - - - - - -
12　(역주) 제2차 세계대전 말기에 전몰한 일본 학도병의 유서를 모은 유고집.

우바사와에서

**유골을
밟고 넘어**

구덩이는 눈앞 이 산에서 저 산으로 이어졌고 그
수는 크고 작은 것을 포함해 100개 정도에 이르
렀다.

그 구덩이 하나하나는 패전 소식에 당황해 허둥거리며 유해를 옮
기고 사라졌을 가시마구미 일행의 모습을 고스란히 상기시켜 주고
있었다.

뿐만 아니라 가시마구미가 당황해 남긴 유골은 구덩이 속, 구덩이
주위뿐만 아니라 그 바깥 주변의 산밭에도 무수히 흩어져 있었다. 그
런 까닭에 우리들은 본의 아니게 그들 유골을 밟지 않고서는 앞으로
나아갈 수 없는 코스에 맞닥뜨렸다.

태양은 벌써 우바사와와 그곳을 둘러싼 산들의 바로 위에서 비추
고 있었다. 다부지게 가시가 돋은 보랏빛 산엉겅퀴와 갓 자란 참억새
가 이날 구덩이에서 눈부시게 빛나는 창공으로 줄기를 드러냈고, 이
름 모를 잡초가 구덩이 속에 가득 퍼진 햇빛에 녹색 잎을 벌리고 있
었다.

"어제 이 구덩이에서 많은 뼈를 주웠죠. 풀을 뽑으니 뿌리에 많은

뼈가 매달려 있었어요. 풀뿌리는 유골을 빨아들이고 있는 거죠 ……. 그렇죠."

　같이 내려가 수습을 시작하던 중국인 학생 하나가 감회 깊은 표정으로 내게 말을 걸었다. 엉겅퀴와 참억새가 자라 있는 큰 구덩이 바닥으로 내려간 뒤였다. 나는 그때 바로 구두 밑에서 흙색이 스며든 치아 하나하나를 줍고 있는 상황이었다. 나는 그 순간 답변을 할 수 없었다. 너무나 아무렇지 않게 내뱉은 그 말은 오히려 답변을 곤란하게 했던 것이다. 그리고 나도 잡초를 하나 직접 손으로 뽑아보았다. 그러자 뻔뻔스럽게 자란 잡초의 모든 털뿌리에도 수없이 흰 가루 같은 것이 엉겨붙었다. 만져 보니 그것은 분명히 뼛가루였다.

　"아아, 정말 ……."

　견딜 수 없을 정도로 애달픈 느낌이 들었다.

**이 일본
땅 위를**　나는 일본 땅에 자라는 한갓 잡초 뿌리가 중국인 포로의 유골을 그처럼 자신의 생명 속으로 빨아들이려는 행위를 가볍게 흘려버릴 수 없었다. 지상地上이 — 일본의 지상이 제국주의자 전범의 지배에 의해 좌우되는 한, 더욱이 그것을 우리 일본국민이 용납하는 한, 일본열도는 영원히 지옥이라는 사실. 잡초 하나까지도 계속해서 전범을 방조할지 모르는 일. 설령 그것이(잡초가 유골을 빨아먹는 것이) 잡초에게는 자연스런 일이라고 할지라도 그러한 조건을 만든 주체가 인간이었고, 또한 일본인이었다고 하는 사실. 이 사실이 나를 매우 부끄럽게 했다.

김 씨의 설명에 따르면 그 큰 구덩이는 '봉기' 직후에 추격을 받아 세상을 뜬 포로와 교라쿠칸 안과 밖에서의 사형私刑이나 고문, 기아와 갈증의 과정에서 죽은 포로, 그리고 우바사와로 옮기는 도중이나 그 직후에 죽은 포로를 연어라도 쌓아올리듯 쌓아올려 놓고 그 위에 장작을 올린 채 석유를 부어 태웠다는 장소였다. 사실 나는 그 큰 구덩이 속의 나뭇재에서 검은 명패 흔적[13]을 보았다. 더구나 전날 김 씨와 중국인 학생이 파낸 뒤임에도 불구하고 내 손으로도 턱뼈와 사지 뼈 등이 무수한 치아와 함께 계속 발견되었다.

이와 같은 크고 작은 구덩이가 큰 구덩이를 중심으로 계곡과 산기슭에 걸쳐서 여러 개 남아 있었다. 이 구덩이에서도 저 구덩이에서도 모두 그런 식으로 사체를 불태웠다고 김 씨는 설명했다.

그 다음 우리는 이 계곡과 산기슭의 맞은편에 이해할 수 없는 옆으로 뚫린 구덩이가 무수히 늘어선 작은 산에 눈을 고정시켰다. 그렇게 몇십 개나 될지 알 수 없는 옆으로 뚫린 구덩이는 마치 그 산 정상과 산 중턱 사이에 위치한 곳에 머리띠라도 두른 것처럼 빽빽이 늘어서 있었다.

"저건 그날그날 희생된 포로의 관을 차례로 넣어둔 구덩이죠. 계속 넣다 보니 그게 머리띠처럼 산을 둘둘 감아버렸어요……"라고 김 씨는 말했다.

········
13 (역주) 죽은 이의 이름 정도는 새겼을 명패.

김 씨의 설명을 들으면서 우리는 함께 다가가 구덩이 하나하나를 눈으로 확인했다. 과연 김 씨가 언급한 대로 그것은 작은 모양의 관을 옆으로(수평으로) 넣어둔 구덩이였다. 오십여 개의 구덩이 속 몇 개에는 아직 반쯤 부서진 상자 테두리나 나무 파편이 역력히 그 잔해를 드러내고 있었다.

땅에 섞여 있는 인간의 치아

그 뒤 주변의 산밭을 걸었다. 도중에 이상한 번식 형태를 보이고 있는 팥밭에서 발길을 멈췄다. 한줌 흙을 손에 올려놓고 보니 그 큰 구덩이에 있던 것과 똑같은 인간의 치아였다. 쭈그려 앉아 휘저어보니 무수히 주울 수 있었다…….

그러는 동안 생각지도 못한 소나기. 소나기 뒤에 무지개. 그 무지개도 엷어지자 산 전체에 하얀 참억새의 이삭. 저 멀리 바라보이는 아오모리青森현 경계의 산과 산에 갓 내린 눈.

밤에는 이 테마와 관련해서 좌담회를 가졌다.

세 번의 회합

우바사와 조사를 마친 뒤에 참가한 회합 외에 나는 이미 현지에서
두 번의 회합에 참가했다.

교라쿠칸으로　　첫 번째는, 처음으로 기록한 도야시키 갱도 견
학 직후에 마침 '전광련全鑛連 제14회 대회'의
보고를 겸한 하나오카 노조대회가 교라쿠칸에
서 열렸을 때였다. 서둘러 방청을 위해 달려갔다.

하나오카 사건과 '교라쿠칸'은 이미 여러 번 언급해온 것처럼 영원
히 우리의 기억에서 지울 수 없는 관계 속에 놓여 있다. 그곳은 봉기
직후 포로들이 트럭으로 실려와 언어로 표현할 수 없는 린치와 고문
으로 피를 흘리고 목숨을 잃은 장소였기 때문이다.

그런데 정말이지 그 장소에서 지금은 현지 노동자들이 대회를 열
고 있다고 한다.

내게는 그것만으로도 감회가 깊었고 달려가지 않고는 배길 수 없
었던 것이다.

그러나 달려가 보니 건물 자체는 평범한 극장식 2층 빌딩. 아래층 복도의 포로의 피는 확실히 5년의 세월 속에서 지워져 있었다. 그곳에 모인 사람은 포로가 아니라 대회 참가의 현지 노동자였는데, 논의 대상은 이 광산에서도 합리화 공세의 구실로 채광부採鑛夫에게 청부제를 강요하려는 점이나 회사가 독단으로 각 현장인원 중에서 현장 경비원을 선임하려는 점이었다. 그리고 그 대책을 어찌할 것인가에 대한 내용이었다.

이 광산이 산출하는 광물 종류의 다양함에 있어서 세계적으로도 희귀한 광산인 점은 앞서도 언급했는데, 그중에서도 유안硫安[14]이나 동, 연, 아연, 석고 등은 평화 산업에 사용된다. 하지만 동시에 타국 침략의 무기나 화약이 될 수도 있다. 이러한 물자를 그와 같은 최악의 조건하에서 채굴해야 하는 채광부문의 노동자가 여기에서 다시 청부제나 상부 지시로 현장 경비원의 감시하에 얽매이면 어찌 되겠는가? 그것이야말로 '나나쓰다테 사건'의 재발, …… 나아가 '하나오카 사건'으로의 역행 …… 이 될지도 모른다.

두 번째의 회합은 같은 날 저녁 하나오카 문고(장서 5천 권의 작은 도서관—패전 후 재건된 노조가 광업소에 요구해 건립한 것으로 당시는 노사 쌍방이 위원을 선정해 운영. 소잡지『문고』나『문고신문』을 발행했다) 주최의 좌담회. 열린 장소는 '클럽倶楽部'. 참가자는 젊은 선광기계부나 교직에서 추방되어 직업 안정소에 다니고 있는 S 씨, 도야시키 선광기사, 광산

....
14 (역주) 황산과 암모니아를 반응시켜 만든 무색투명한 결정.

병원 의사, 그리고 나와 김일수 씨, 중국인 학생. 화제는 수일 전에 교라쿠칸에서 상영했다는 〈들어라, 바다신의 목소리〉에 대한 비판에서부터 전쟁관, 문학관에까지 이르렀다.

　교류는 깊었지만 솔직하게 하나오카 사건 자체를 얘기하는 듯한 그러한 분위기와는 거리가 멀었다.

솔직한 대화 │ 우바사와 조사의 뒤를 이어서 열린 이날 저녁의 회합 장소는 일하는 동료들에게 친숙해 있던 조선인연맹 사무소. 모인 사람들도 일하던 복장 그대로의 일본, 조선 노동자와 주부들이었다. 교직에서 추방당해 직업안정소에 다니고 있는 S 씨도 눈에 띄지 않게 조용히 참가했다.

　여기에서는 나나쓰다테 사건에서부터 포로의 입산, 최후의 봉기까지, 그리고 교라쿠칸 앞의 참살에 이르기까지 한 사람 한 사람이 보고 들은 바에 근거해 진술하게 증언하였다.

　지금까지 이미 김일수 씨에게 들은 내용, 그리고 나를 벌써 이틀 밤이나 묵게 해주었던 요시모토吉本 씨(김 씨와 같은 나라 사람) 부부, 또한 김기수金基秀, 이다井田, 판평종阪平鐘이라고 이름을 밝힌 사람들로부터 들은 이야기와 약간 중복되는 부분도 있지만 당시의 노트에 있는 사항을 그대로 기록해둔다.

**가시마구미의
유언비어**

① 봉기 당시 '연합국' 배가 아키타에 들어온 것 같다는 소문이 퍼져서 '포로가 봉기했다'라는 식으로 가시마구미의 관계자가 말을 했는데, 그것은 완전히 유언비어다. 그 증거로 광산이 직접 부리고 있던 290명의 포로는 전혀 봉기에 가담하지 않았다. 만일 정말로 그러한 소문이 퍼졌다면 어차피 광산측의 포로도 어떤 형태로든 동요를 보였든지 혹은 행동으로 나왔을 것이다.

② 포로가 봉기한 원인은 뭐니 뭐니 해도 식량 문제이다. 식량을 배급하던 일본인 관계자 4명과 포로의 식량 담당 1명이 봉기로 살해된 것도 그 때문이다. 이 5명은 계속 결탁하여 식량을 속였고, 부정 유출하여 평소에 극도로 미움을 사고 있었다. 게다가 포로들은 일상 속에서 온갖 린치로 고통을 받았음은 물론, 점점 동료가 죽어가는 것을 목격하고 있었다. 그러므로 이대로는 우리도 어차피 아사할 수밖에 없다, 그보다는 저 적들을 죽음의 길로 몰아넣고 우리도 창고에 있는 식량을 배불리 먹고 죽겠다 ― 라는, 절망적인 상황에 내몰렸던 것이다.

봉기의 원인에 대해서는 이 두 번째의 의견이 몇 사람의 참가자로부터 특히 강조되었다.

그리고 봉기 후의 탄압 양상으로 이야기는 진행되었다.

봉기 후의 탄압

모두 모여 산으로 탈출

③ 봉기 후 수용소(우바사와에 있던 이른바 '나카야마 기숙사')의 포로는 모두 모여 산으로 탈출했지만, 현 내와 밖에서 동원된 헌병, 경찰, 그리고 지역 경방단원警防團員이 5일간에 걸쳐 주위의 산과 부근 일대를 포위했다. 포로들로부터 다소의 저항은 있었다고는 하나 어쨌든 그들에게는 무기가 하나도 없었으므로 차례차례 체포되었고 모두가 철저히 구타를 당했다. 그리고 오랏줄 하나에 두 사람씩 묶여 트럭에 내던져졌으며 그 트럭 위에서도 심하게 폭행을 당했다.

이렇게 체포된 포로들은 최초 서너 곳의 광장에 분산된 뒤 교라쿠칸 앞으로 옮겨졌다.

④ 포로들은 교라쿠칸 앞으로 옮겨진 후 3~4일간 아무 것도 먹지 못했다. 하루에 단지 한 그릇의 물이 제공되었을 뿐이다. 죽을 듯이 물을 달라고 애원하며 소리 높여 울어대도 돌아온 것은 지독한 구타, 발길질이었다. 도구는 죽도, 죽창, 곤봉. 포로는 굶주림 때문에 땅 위에 흩어져 있는 밀을 곧장 흙과 함께 입에 넣으려고 몸부림쳤지만 두 사람이 동시에 묶여 있었으므로 두 사람 다 죽을 때까지 두들겨 맞았다.

이때 동원된 경찰관 중 특히 지독했던 자는 곤노今野, 고토後藤, 스가와라菅原(파출소장), 아마노天野, 나가이永井, 야마구치山口 등으로 이들에 대한 직접 지휘는 오다테大館경찰서의 미우라三浦 서장이 담당했다.

헌병은 권총을 가지고 그 주위를 에워싸며 경찰을 지원했다.

잔학한 경찰관 | ⑤ 특히 곤노라는 경찰의 태도는 잔학 행위 그 자체였다. 시민, 특히 여자들이 참상慘狀에 눈을 감고 "불쌍하게"라고 무심코 내뱉기라도 하면 이 경찰은 큰소리로 호통을 쳤다.

⑥ 이렇게 그 광장에서 다수의 포로가 죽임을 당했고 그날 희생당하지 않은 포로도 이윽고 우바사와의 수용소(나카지마 기숙사)로 돌아온 뒤 차례로 쓰러져 갔다. 포로의 사망에 대해서는 단지 전화로 경찰에게 통지할 뿐이었다. 봉기 당시 대량의 사체를 땅속에 묻기 위해 하나오카나 오다테로부터 다수의 마을 사람이 모집돼왔는데 조건은 일당 13엔 외에 쌀 1~3되였다(당시 솜씨 좋은 착암부의 임금이 최고 2엔 30전이었다).

신쇼지 주지승은 패전 후 가시마구미로부터 한꺼번에 유골을 가지고 와서 "유골을 둘 장소가 없으므로 절에 보관해 달라"라는 얘기를 듣고 어쩔 수 없이 보관했다고 증언하고 있다.

⑦ 사건(포로 봉기) 후 가시마구미의 태도는 너무나도 지독했다. 사건 전에도 지독했지만 그보다 더욱 혹독해졌다.

사건 당시에는 800명 이상이나 되던 포로가 그 이후 훨씬 줄었는
데(사건 당일 밤의 사망자를 포함해 전부 420명이 목숨을 잃었다) 남은 포로는
마치 실처럼 야위어 있었음에도 또 작업을 강요당해야만 했다. 더구
나 작업 중 사소한 일로도 곤봉으로 맞았고, 식량은 조잡해졌으며 배
급량도 극도로 소량이었다.

가시마구미 감독 일행 중 특히 지독한 자는 후쿠다福田였다.

이러한 내용에 대해서는 전에 가시마구미에서 일했던 츠카모토
塚本, 마츠바라松原, 김金군, 백白군 등도 모두 인정할 것이다.

**도야시키의
낙반**

이상은 당일 밤 사건 자체와 관련한 중요한 발언
의 요약인데, 이야기는 거기에서 현재의 광산생
활이나 직업 안정소의 일상, 〈들어라, 바다신의
목소리〉에 대한 감상, 나아가 당시 전국적으로 실시되고 있던 '평화
투표' 모집으로 고생하는 화제로 발전했다.

여기에서 말하는 '평화투표'라는 것은 그해(1950년) 3월 19일 스톡
홀름에서 열린 '평화옹호 세계회의'의 어필(원자병기 절대금지를 주요 내
용으로 한다)을 새긴 투표용지 형식에 관한 내용이다. 당시 일본에서
는 '어필에 적극적으로 찬성한다'고 하는 1행을 넣어 그 용지에 직업
과 성명을 적고 서명하는 운동이 전국적으로 펼쳐지고 있었다. 그런
데 이 운동이 하나오카 사건의 발상지에서는, 특히 낙반이나 전쟁으
로 남편을 잃은 주부들 손에 의해 강력히 진행되고 있었던 것이다.

"…… 다시 전쟁은 싫으니 두 번 다시 하나오카 사건이 일어나지 않도록……, 그렇게 말하며 잘 부탁하면 모두 서명해 줄 거야……."

직업 안정소에서 일하는 한 주부가 그렇게 얘기했을 때 회의장의 판자문을 밖에서 격렬히 두드리는 소리가 났다.

"자네들 큰일 났어. 도야시키 낙반이야."

"뭐라고?"

앉은 이가 모두 일어섰다.

"한 사람이 죽고 한 사람은 병원에 업혀서 갔어……."

도리나이鳥內에서의 소견

업혀간 부상자에 대한 문병과 희생된 동료를 둘러싼 항의 교섭은 하나오카 노조가 주체가 되어 시행했다. 하지만 이후 오랫동안 당시의 보고 목소리는 나의 귓전을 맴돌았다.

"…… 한 사람이 죽고 한 사람은 병원에 업혀서 갔어 ……."

그것은 폐쇄된 나나쓰다테 광상으로 이어지는 연락갱도 앞의 도야시키 갱, 더구나 불과 30시간 정도 전에 나도 직접 눈으로 확인했고 발로 위험함을 생생히 느낀 그 3번 갱도에서의 사건이었기 때문이다.

끝나지 않은 전쟁 | 전쟁은 끝나지 않았다고 하는 실감. 과연 소위 대동아전쟁 — 제2차 세계대전은 끝났을지 모르지만 한국전쟁은 불과 3개월 전에 막 시작되었다. 이처럼 이곳 하나오카에서는 다시 또 나나쓰다테 사건의 실패가 반복되려는…….

나는 그와 같은 느낌을 실감하지 않을 수 없었다.

한국전쟁 발발을 앞두고 개시된 공산당을 필두로 한 평화세력에 대한 탄압과 좌익 추방. 그 전 해(1949년)의 시모야마下山, 미타카三鷹, 마츠카와松川 등의 모략 사건. 그리고 같은 해 국민 의사를 무시하고 창설된 경찰예비대 7만 5천 명과 해상보안대 7천 명의 증원. 더욱이 그 창설도 증원도 맥아더의 지령에 의한 것이었다.

더불어 한국전쟁이 일본의 독점자본에 '가미카제'의 역할을 수행해, 그중에서도 비철금속 광업은 군수 경기를 타고 도금된 바탕 금속 뿐만 아니라 고철까지 수출하는 호황기를 맞았다. 당시 그 비철금속 광산 현지에서는 채광부의 청부제나 상부 지시에 의한 현장 경비원 제 채용의 기도 속에서 노동자는 연이어 '낙반사'로 희생되고 혹은 병원에 실려가는 …….

그날 밤 나는 잠을 이루지 못했다.

나는 숙소를 하나오카 마을에서도 중심부에 있는 사쿠라桜 마을 요시모토吉本 씨 집에서 보통의 광부 촌에 있는 김기수 씨 집으로, 거기에서 또 이다井田 씨 집으로 옮겼다. 이 사람들은 모두 조선인 노동자였고 일본인 여성과 결혼해 전쟁 중 계속된 물자 부족과 조선인으로서의 괴로운 삶에 시달리면서도 협력을 잘 해주었다.

시시가모리獅子ヶ森를 바라보다

다음날은 비가 내렸다.

약한 비가 이어지는 가운데 예정대로 맞이하러온 김일수 씨의 안내로 하나오카 강 상류의 '도리나이'로 향했다. 도보로 20분 정도 걸으니 그곳에서 강은 꾸불거리지 않게 직선 코스로 개수되어 있었다. 공사 도중에 종전이 되었기 때문에 지금은 일본인만으로 공사를 계속 진행하고 있다고 김 씨가 설명했다.

이 강을 마주본 채 거의 삼각형 형태를 띠고 있는 시시가모리 산이 바라보였다.

이 산은 후일 출판된 『풀의 묘표』에 "어떤 자는 (추격대에게) 칼에 베어 죽었고, 어떤 자는 죽창에 찔려 죽었으며 어떤 자는 삼나무에 목매달려 죽었다. 시시가모리의 바위는 중국인들의 피로 물들었다"고 기록된 산이다. 그 산 안쪽의 북쪽 아키타에 이어진 산—아오모리현의 많은 산이 기복을 보이며 순백의 능선을 이루고 있었다.

계속 걸어 도중에 놓인 다리를 지나 잠시 나아가니 작은 산 하나가 도로와 강 사이에서 양단돼 있었다. 하지만 그 산이야말로 완전히 포로들의 힘으로 개척한 것이었다. 전날 우바사와로 가는 과정에서 목격한 깎아낸 도로나 수로의 경치로 이어지는 것으로 파악되었다.

이곳 도리나이에서 마츠미네松峯 사이, 약 2킬로의 강 밑 개수 작업, 그 수로를 따라 이어진 도로 신설공사 때에도 포로의 고역이 피로 변했다. 그리하여 진행되었다.

그런데 지금 같은 강가에서 광차를 미는 일본인 노동자, 강 밑에 삽을 꽂아 놓고 두 사람이 한 조로 못코를 매는 일본인 노동자의 마음속에는 '하나오카 사건'이 어떻게 남아 있을까? 두 번 다시 그 사건을 반복하지 않기 위한 결의가 어떻게 움트고 있을까……?

하나오카
광업소에서

돌아오는 길에 마을 관청으로 향했다.

관청의 장에게 직접 도쿄에서 사건을 조사하러 온 사람으로서 인사하고 사건 당시부터 지금까지 자치단체 하나오카 지역 수장으로 수행해온 역할과 앞으로 이 사건의 올바른 처리를 위해 어떠한 협력을 하려는지 들으려고 생각했지만 그 관청의 장은 부재중이었다.

이어서 하나오카 광업소 — 광산사무소를 재방문했다. 여기에서는 하타케야마畠山 노무과장이 응대했다. 과장은 조심스런 태도로 '하나오카 사건'에 한정해서 소견을 얘기했다.

"…… 군사법정에서도 밝혀졌듯이 가시마구미의 식량배급이 너무나 나빴죠. 광산측과 비교해 5할이나 적었다고 들었어요. 식량은 모두 현에서 1인 1개월 22킬로, 1일분 700그램이 왔지만.

분명히 그 사건은 식량 부족과 극도의 노동 강화에서 초래된 겁니다 ……"

다시금 말을 이었다.

왜 이 광산에

"가시마구미에 있던 중국인은"
과장은 중국인이라는 말을 사용했다.

**노무과장의
이야기** | "왔을 때 몸이 굉장히 쇠약해 있었던 게 사실이에
요. 하지만 그 몸에 겨우 그 정도의 식량으로, 게
다가 토목공사라는 중노동을 강요당하면 아무리
체력이 강한 사람이라도 맥을 못 추죠. 더군다나 식량증산이라는 명
목하에 황무지 개간까지 하다니 무리에요.

광산측 중국인들은 역시 화북 노공협회의 알선으로 종전 바로 전
의 해 6월 하북 산동성 부근에서 왔어요. 총 인원 290명이었죠. 이 사
람들은 동아東亞기숙사에 들어가 있었어요. 귀국할 때까지 10명이 사
망했는데 광업소로선 정중히 매장하고……."

하지만 과장은 나나쓰다테 사건과 바로 전날의 도야시키 낙반에
대해서는 조금도 말이 없었다. 내가 단지 광산견학만을 목적으로 온
것이 아니라는 사실에 대해서도 언급하지 않았다. 아무튼 갱내사고

에 대해 말하는 것 자체가 도와광업에게 얼마나 불리한지 잘 알고 있는 사람으로서 조심하는 것임에 분명했다.

그렇다고 할지라도 이 사람의 발언 속에서 가시마구미가 이 광산에서 사역한 986명의 포로들이 얼마나 심하게 연행 당시부터 쇠약해 있었는지, 포로들에 대한 가시마구미의 대우, 특히 가장 중요한 식량면의 대우가 얼마나 혹독한 것이었는지, 또한 나아가서 그들이 짊어진 노동이 얼마나 과중한 것이었는지에 대해서 들은 내용은, 이 사람이 평소 자본측 노동 강화를 대변하는 입장에 있는 '노무과장'이었던 만큼 내게는 기억에 깊게 남았다. 설령 이 사람은 도와광업 사람이었지 가시마구미 사람이 아니었다는 전제조건은 있었다 할지라도.

호흡도 하지 못하고 | 그렇다면 986명의 포로들이 그렇게 극단적으로 쇠약한 몸으로 이 광산에 연행돼온 것은 왜일까?

그것은 현 시점에서 보면 1951년 간행된 『하나오카 사건』— 일본에 포로가 된 한 중국인의 수기 — 혹은 1964년 간행된 『풀의 묘표』— 중국인 강제 연행 사건의 기록 — 에 의해 명확해졌지만, 가장 우선적으로 거론하지 않을 수 없는 부분은 그들이 일본에 강제 연행되기 전에 조국 중국에서 일본군에게 받은 '삼광三光 정책'(모두 죽이고 모두 불태우고 모두 빼앗아감)이 불러온 피로, 고달픔이다. 다음으로 앞서 기술한 대로 도조東条 내각이 '중국인 노무자 국내 유입에 관한 건'을 각의결정(결정은 1942년 — 쇼와 17년 11월 27일) 후, 중국본토에서 자행한 '중국인 토벌'의 불법성과 비인간성이다. 더구나 불법과 비인간적으로 그러모은 중국인 포로들을 일정기간 수용한 중국본토 내 각지 수용소에서의 언어로 형용할 수 없는 학대 — 도망을 막기 위해 알몸으로 도마土間[15]에 가두고, 대소변을 가리지 못하게 하는 린치. 그 후 일본 현지에 이송되기까지의 배 안, 차 안에서의 더욱 심한 학대와 린치. 이 기간 중에 그들을 떠나지 않고 늘 따라붙은 극도의 굶주림과 갈증. 먹을 것이나 마실 물은 물론, 물품도 마찬가지였으며 무리하게 처박힌 유개화차 안 — 마실 공기도 부족해 화차 틈새에 번갈아서 콧구멍을 붙였어도 충분하지 못해 질식사를 했다는 등의 비인간적인 처우는 갈 때마다 고발해도 다 언급할 수 없으리라.

제1회 하나오카 조사 한도 내에서는 모든 것에 대해 증언해줄 사람이 없었다. 하지만 나는 김 씨 일행에게서 "그들이 하나오카 역에 도착한 유개화차에서 내릴 땐 내린다고 하기보다는 떨구어진 것 같았다. 모두 백골처럼 야위어 있었다. 그런데도 감독이나 군인이 붙어서 넘어지면 두들겨 패고 늦으면 때리면서 우바사와로 내몰았다"고 들었다.

그런 말을 할 때의 김 씨 일행의 얼굴은 고통스러운 표정으로 경련이 일었다.

- - - - - - -
15 (역주) 일본식 건축 형태로 가옥의 옥내 공간.

조선인의 경우 | 그럼 그러한 김 씨 일행은 어떻게 일본에 왔을까? 중국인 포로의 연행과는 어떤 부분이 달랐을까?

이 조사기간 중에 나는 때때로 그 내용도 물어서 기록했다.

김일수 씨에게 초점을 맞추면 그의 고향은 조선의 경상북도 동곡면桐谷面. 일본으로 끌려온 형태는 문자 그대로 강제 징용이며 강제 연행이기도 했다.

그 방법은 우선 연행용 군 트럭을 면(村)의 변두리에 세워둔 채, 동승한 일본인 경관과 면사무소 직원, 혹은 면장이 마을로 들어가 예의도 갖추지 않고 남자 일손이 있는 집 문을 두들긴다. 그 뒤 열쇠를 두들겨 부수고 신발을 신은 채 방으로 들어간다. 그리고 고함을 쳐서 수갑을 채웠으며 그래도 듣지 않으면 어디선가 권총을 지닌 헌병이 뛰쳐나와 불문곡직하고 마을 변두리의 트럭으로 연행해 실었다.

"똑같은 조선의 같은 면일지라도 지주의 집에서는 면이나 군에 근무하는 사람을 돈으로 매수해서 징용 따위를 피하기도 했지만"이라고 김 씨는 말했다.

"집이라고 해도 돌과 흙으로 벽을 둘러서 나무로 만든 여닫이문에 자물쇠를 채운 집이므로, 놈들이 부수는 건 일도 아니죠. …… 우리 집에 쳐들어 온 건 심야 — 오전 2시경 …… 어머니가 울며 부탁하는데도 강제로 연행되었어요."

조선인의 경우

유치장으로 그렇게 수갑을 찬 채로 트럭에 실려 감시병에게 감시당하는 동안에 동료들은 차례로 연행되었다. 그리고 일정한 수에 달하면 2~2.4킬로미터 거리의 현 경찰서로 운반되어 그곳에서 처음으로 수갑이 풀렸고 유치장에서 자야 했다.

하지만 징용이 점점 심해져 인원이 불어남에 따라 '회관'식 건물이나 극장으로 옮겨졌다. 이렇게 연행되어 수용된 남편이나 아들을 뒤쫓아 멀리까지 면회 온 가족도 있었지만 일본군과 경찰은 "너희 부모는 없어. 아들은 없어"라고 물리쳤다.

현의 경찰이 위치한 장소에서 이번에는 기차로 부산으로 옮겨졌다. 당시 차속에서 풀린 수갑은 부산에 도착해 부두에서 배로 옮겨 탈 때 다시 한 사람 한 사람의 손목에 채워졌다.

일본에 도착한 뒤 많은 사람들은 사할린이나 규슈 탄광으로 끌려갔고, 김 씨 일행은 하나오카로 투입되었다.

김 씨는 동곡면 자택에서 이와 같은 경로로 연행되었는데, 그중에는 시장 등에 일을 보러 갔다가 갑자기 "이리 와"라는 소리를 듣고 그대로 연행된 사람도 있었다.

　다른 한편으로는 군 사무소에 모집책을 두고 모집했다. 모집책은 눈에 보이는 무기를 지니지는 않았지만 절대적 권력을 소유하고 있었다.

　이렇게 연행된 조선인 수는 하나오카만 2천 명에 달했는데, 그중 김 씨 일행 독신자들은 5개의 조선인 기숙사로 분리, 배치되었다. 각 기숙사에는 당시 7~8명의 경계 ─ 일본인 직제職制가 교대로 숙박하며 조금만 시간에 늦어도 밟거나 차고 린치를 가했다.

　아침 6시에 점호. 아무리 병을 앓아도 점호는 받지 않을 수 없는 규칙이었다. 저녁 8시에 다시 점호.

　일은 채광부문 ─ 갱내노동으로 임금은 1942년 1개월에 87~90엔. 1943년 100~103엔. 1944년 120엔. 1945년 기본급에 잔여분을 가산해 160엔. 하지만 이 해 패전 때까지 쌀 한 되가 18엔, 패전 후엔 30엔으로 폭등했다.

일본인 경계를 적발　밥은 일일이 저울에 달아 그릇에 담았다. 된장국에다 단무지가 나왔고 된장국의 내용물은 거의 파였다. 물을 많이 넣으니 저울에 단 밥은 무거워졌으며 그 만큼 쌀의 양이 줄어서 "물을 많이 넣지 말라"고 항의했다. 또한 배급주를 속여 다른 곳에서 진탕 마시고 소란 떠는 일본인 경계들을 모두가 적발한 일도 있었다.

　뿐만 아니라 "조선인이라고 해서 위험한 채굴장에 내몰지 말라, 같은 인간이 아닌가"라며 직장에서도 차별을 용인하지 않고 투쟁했다. 하지만 조선인이기 때문에 뭔가를 분실하고 뭔가 불편한 일이 일어나면 "반도일거야", "반도 아닐까"라고 야단을 맞고 의심을 받았다.

아침마다 '황궁예배'를 할 수밖에 없었다. 입갱 때의 그 가혹한 갱내 노동 외에 혹독한 식량증산을 위한 개간 작업에 동원되었던 것은 물론이다.

조선인 노동자의 이와 같은 '연행' 경험이나 하나오카 도착 후 받은 처우가 그들의 마음을 중국인 포로의 신상에 연결짓게 한 것은 당연한 일이었다. 자신들보다 몇 배나 여위어 앙상하고 몇 배나 닳아서 해진 것을 몸에 두르고 입산한 그들. 총과 곤봉에 의해 우바사와의 기숙사로 처박힌 이래 자신들보다 몇 배나 중노동을 강요당하며 한 잔의 물을 원하는 것만으로도 언어로 표현할 수 없는 린치를 당했다. 낮에도 밤에도 죽어가는 동료의 사체를 태우는 연기가 끊이지 않던 우바사와에서 결국 봉기한 그들. 그런 까닭에 더욱 참혹한 대량살육으로 보복을 당하지 않을 수 없었던 그들.

전쟁은 침략자 일본제국주의의 패배로 끝났다. 그 3년 후에는 이 사람들의 진정한 조국(대한민국—역자)과 조선민주주의 인민공화국이 탄생했고 이듬해인 1949년에는 중화인민공화국이 성립했다. 그리고 1950년에 이르자 한국전쟁 발발이라는 사태가 도래했다. 하지만 오히려 이들 역사적 경과에 대한 모든 것을 배경삼아 현지 조선 노동자의 하나오카 사건에 대한 관심은 치열했다.

**진상규명의
책임**

그러나 한편 나는 제1회 하나오카 조사기간 중 시종 눈에 띄지 않게 김 씨 일행의 적극성을 지켜보았다. 조사 방향을 바로잡고 함께 행동하며 편의를 도모해준 전 교사인 S 씨를 비롯해 지역의 일본인 활동가나 민주세력의 겸허한 원조를 잊을 수가 없다. 이 사람들 또한 한국전쟁 발발 시기에 좌익 추방이나 부당 탄압에 정면으로 맞섰다. 일본인이기 때문에 한층 책임감을 가지고 이 사건 규명에 임했던 것이다. 그 외에 지역 하나오카 광산노조의 다바타, 닛타 씨를 비롯한 많은 사람의 협력도 조사자로서의 내게 잊을 수 없는 일이다.

하나오카 사건의 근본 원인은 사실 국토의 땅밑까지 점령하고 있던 일본의 천황제와 독점 지배, 그리고 그러한 맹신에 뿌리를 내린 배타적이고 침략적인 군국주의에 있다. 그것은 안으로는 자국의 노동자 계급과 국민에게 고통을 주었고 밖으로는 노골적으로 아시아 사람들에 대한 살육과 국토 침략을 확대했다.

그 하나의 전형 — 하나의 압축도가, 이곳 하나오카 땅밑과 땅위의 모든 곳에 지울 수 없을 정도로 깊게 새겨진 하나오카 사건이 아닐까.

이 사실을 실감으로 받아들이며 나는 일단 현지에서 발길을 옮겼다.

후지타구미藤田組의 계보

붉은 흐름 | 그러면 우리들 일본 인민에게 있어서 하나오카 사건을 두 번 다시 반복하지 않기 위해서는 어떠한 힘과 방도가 있을까?

현지를 떠난 뒤에도 나는 그것을 생각하지 않을 수 없었다.

동시에 내 눈에는 하나오카를 왕복하는 차창에 비친 하나오카 강 하류의 붉은 물결이 떠올랐다. 그것은 분명히 광독鑛毒의 색이었고 어떤 곳은 강 밑부분까지 붉었다.

그것이 아시오足尾의 경우처럼 확실히 역사적 사실[16]로 넓게 알려져 있는지 어떤지의 문제와는 별도로 메이지明治 이래 광독이 있는 곳에는 반드시 지역민의 항의투쟁이 있었던 것이 아닐까?

나는 하나오카 사건이 두 번 다시 일어나지 않게 하기 위해서도 그것에 대해 조사할 필요를 느꼈다. 다시 호모토帆本 씨를 방문해 먼저 경영측의 자료를 접했다. 그에 따르면 '도와同和 광업'(전신, 후지타구미)

---

16 (역주) 아시오 광산에서는 1907년 2월 광독방지 비용지출 등으로 인해 광산 노동자의 임금, 노동조건에 불만을 품은 광부들이 광산시설을 파괴하고 방화하는 폭동을 일으켰다(아시오 폭동사건).

의 시초는 1869년 죠슈하기長州萩의 주조업 출신 후지타 덴자부로藤田伝三郎가 오사카의 고라이바시高麗橋에서 시작한 관청 용달업. 그가 처음으로 광산업에 착수한 것은 1880년. 이후 1884년 정부로부터 고사카小阪 광산의 불하를 받아 점차 광산업으로 전환, 제1차 세계대전이 발발한 1914년에 이르러 처음으로 하나오카 광산을 매수했다. 또한 야나하라柵原와 그 외를 매수해 당시에는 이미 수십 개의 광산 경영에 이르기까지 크게 성장, 대전 후에는 더욱이 '만주' 북부와 시베리아의 임업에까지 손을 뻗쳤다.

그러나 그 후 한때 자매회사였던 후지타 은행의 파탄으로 이미 후지타구미로부터 독립, 분리된 '후지타 광업'은 부채 상환에 쫓겨 사업 부진에 빠졌다. 하지만 그 뒤 1937년 이른바 '일지사변日支事變'[17]이라는 미명하에 중국 침략전쟁이 공식적으로 개시된 해에 후지타 광업은 먼저 분리되어 있던 합명회사 후지타구미와 재합병해 주식회사 후지타구미를 설립했다. 그리고 정부와 군으로부터의 동銅 증산요청에 화답하기 위해 한때 외부자본의 도입까지 도모, 특히 하나오카 광산의 개발에 주력했다. 그럼에도 충분하지 못해 '대동아전쟁'도 결국 패색이 짙어진 1943년(중국인 포로 제1선이 이 광산에 투입되기 1년 전이다), 정부와 군은 스스로 더욱 직접적인 지도계획을 세워 하나오카 광산의 더욱 효율적인 개발을 꾀했다. 그리하여 후지타 집안 소유의 전 주식(백만 주)을 제국광업개발에 떠맡게 했고 경영권도 후지타 집안

. . . .

17 (역주) 중일전쟁.

에서 제국광업개발로 옮겼던 것이다.

전쟁의 '어용' | 당시 주식회사 후지타구미는 고사카, 하나오카, 야나하라, 우네쿠라卯根倉 등의 주요 광산의 경영에 전념하게 되어 다른 중소 광산과 광업 이외의 사업은 모두 후지타 집안에 양도했다. 패전 1년 전인 1944년 2월에는 창업 이래 오사카에 두었던 본사를 도쿄로 옮겼고, 패전의 해 1945년 12월에는 상호도 현재의 '도와광업'으로 개명했다.

메이지의 관청 어용달업御用達業[18] '후지타구미'에서 그 뒤 '도와광업'에 이르기까지의 이 경과는 다른 광산 독점자본의 계보에도 그대로 통용되었다. 특히 때때로 보이던 정부의 '어용', 그중에서 군국주의적 '어용'과 침략전쟁을 위한 '어용'을 얼마나 자신들에게 유리하게 수행하여 오늘을 이루어냈는지 그 점에서 공통분모가 있다. 하지만 특히 이 자본의 경우에는 1943년 정부 스스로 직접 경영지도에 착수해 하나오카 광산 한 곳 이상의 의미에서 효율적인 개발에 임했다고 하는 부분이 단연 우리의 주목을 끈다.

하나오카 광산의 광물 종류의 다양함과 그것이 중요한 전략물자이었던 점은 앞서 언급했는데, 그렇더라도 정부가 직접 지휘한 1943년 이후 패전에 걸쳐서 ─ 즉 '하나오카 사건' 발생 시기에 걸쳐서 이 광

....
18 (역주) 관청에 출입하는 특권적 상행위.

산을 지배한 지독한 군국주의도 또한 저절로 상상이 되기 때문이다.

**지역민의
투쟁**

그런데 이 자본의 계보에 대해 지역 노동자와 농민
은 어떻게 대응해왔던 것일까?

　　후년 『아키타사키가케신포秋田魁新報』의 메이지,
다이쇼大正 때의 기사 등을 펼쳐보면 러일전쟁 직전의 1903년에는 고
사카의 연독煙毒 문제가 이미 중의원에 제안되어 이후 피해농민의 배
상요구로 이어진다. 특히 1912년 하나오카 광산에도 제련소가 완성
되어 그로부터 1년도 지나지 않은, 같은 해 12월에는 신속히 부근 농
민이 연해煙害 배상투쟁에 나섰다. 그리고 그 투쟁의 발전을 이루어 결
국 후지타구미로 하여금 하나오카 제련소 폐지를 결의하게 하였다.

지역민의 투쟁

**광산측과
교섭**

1912년 12월 19일자 『아키타사키가게신포』의 기사에 의하면 그 7일 전인 12월 12일 연해 배상으로 일어선 하나오카 지역 대표 수 명은 오다테역 앞 여관에서 후지타구미 하나오카 광산출장원 연독 담당 한 명과 면담했다. 이 장소에서 광산측이 "이 산의 세밀한 조사에 따르면 피해액은 농지 500엔, 밭 1,136엔으로 계 1,636엔이고 그 이상의 요구에는 응할 수 없다. 단 지역의 공공사업에 3천 엔을 기부하겠다"고 언급한 것에 대해 지역 대표는,

"우리의 계산으로는 피해액이 50,211엔 60전이 되므로 그 이하로는 승낙할 수 없다. 게다가 우리는 배상만을 최종 목적으로 삼는 것이 아니다. 이는 일반의 도리를 위해, 또한 침해될 만한 자신의 권리를 위해 어디까지나 회복할 때까지 투쟁하는 것이다. 만일 배상을 하지 않겠다면 전혀 피해가 없는 장소로 제련소를 옮기라"고 요구하며 한 걸음도 양보하지 않았고 이듬해인 1913년 1월 7일 교섭 제4회째를 맞이해 더욱 구체적인 교섭에 들어갔다. 즉,

"우리의 피해 전답 중 수확이 전무한 것만도 9천 보 이상이고 자작

농으로 생활에 지장……이 있는 사람도 다수 있다. 소작은 지주의 청구에 대해 바치는 쌀은 물론, 콩, 팥, 야채, 무에 이르기까지 모조리 고사했기 때문에 일상의 호구를 헤쳐나가는 것마저도 곤란하다. 그럼에도 불구하고 광산측은 애매한 태도로 사실을 부인했으며 우리 지역 쪽 요구의 반에도 차지 않는 액수로 책임을 피하려고 했다. 게다가 연독의 피해는 전답뿐만 아니라 인체에까지 미치고 있다. 그 증거로 하나오카 광산 제련소 개시 전 10개월 동안과 개시 후 10개월간을 비교하면, 호흡기병 39~62명, 소화기병 49~56명, 신경병 10~17명, 전염병 18~26명, 눈병 128~143명으로 증가했다"라고 자료를 보이며 끈질기게 공격했다. 더욱이 1월 중순에는 '동맹회'를 조직해 같은 아키타 군내의 야타테^{矢立}, 시모카와조이^{下川沿}, 야마세^{山瀬} 등 세 곳의 마을을 결집해 하나오카 여관에서 다음과 같은 결의를 채택했다.

요구서를 채택 │ "……바야흐로 광연^{鑛煙}이 지역 곳곳의 농림을 해치는 일이 매우 심해져 결국 피해민의 위기를 초래하고 있다. 그런데도 가해자는 양지에서 타협을 하는 체만 할 뿐 음지에서의 횡포가 악랄하기가 극에 달했다. 정말이지 계속 분개하지 않을 수 없으며 우리는 오늘의 난국에 접해 맹렬히 결기, 굳건한 결의로 소신을 관철하려 한다. 이 결의가 권리 회복을 도모하여 결국 크게 성공하기를 기대……."

따라서 구체적인 요구항목을 첨부해 결정적인 요구에 들어갔다.

광산측은 문제의 제련소를 자신들의 부주의로 1912년 6월 중에 3분의 2까지 소실했지만 불과 2개월 사이에 복구했다. 그리고 계속 맹렬한 연기를 뿜어 올렸다. 하지만 동맹회로 결집하여 한 걸음도 물러서지 않고 대항하는 농민의 끈질긴 요구 앞에 결국 그해(1913년)에 제련소를 폐지하게 되었다. 산출광은 동 계열 자본인 고사카 광산의 자용로自熔炉에 맡기기 위해 처음으로 후지타구미에 의해 고사카·하나오카 간의 철도부설도 기획되었다. 또한 이 일이 계기가 되어 하나오카 광산은 고사카의 지산支山이 되어갔다.

그런데 한편 그 광독의 발생원으로 인하여 목숨을 걸고 일한 하나오카 광산 노동자에게는 어떠한 투쟁의 역사가 있었던가?

이 부분에서 특히 거론하지 않을 수 없는 것은, 1919년 8월(러시아 혁명·쌀 소동의 해) 고사카 채광부 1천여 명의 임금 인상 스트라이크에 호응해, 임금 인상을 포함한 대우 개선, 전근대적 노무관리조직 철폐와 노조에 대한 가맹 승인을 요구하며 일어선 하나오카 1천 5백 명의 직공과 광부의 투쟁일 것이다.

광부 총연합회 결성 | 여기에서 말하는 '노조'는 당시의 광산 노동자의 산업별 조직인 '전 일본광부 총연합회'를 일컫는 것이지만, 전근대적 노무관리조직 철폐와 함께 산업별 조직에 대한 참가 승인을 요구하며 일어선 배경에서 우리는 당시 하나오카 노동자의 각별한 진보성을 수용하지 않을 수

없다. 게다가 쟁의단은 이러한 투쟁의 결과 드디어 광부 총연합회 하나오카 지부의 결성에 도달한다. 자본가는 이에 대해 후일 쟁의단의 지도적 간부 6명을 관헌에 검거시키는 것으로 보복했다. 하지만 하나오카 노동자는 거기에 굴복하지 않고 1923년에도 고사카의 부당해고 반대투쟁에 호응하며 도야시키나 모토야마元山 갱의 채광부가 주축이 되어 일어나 노동자숙소 대표나 직장 우두머리 생각대로 움직이는 어용조직 '교성회交誠會'를 상대로 요구투쟁에 돌입했다. 그리하여 다시 광부 총연합회 하나오카 지부를 탈환하기에 이른다.

이는 아키타현 광산 노동운동사에서 빠뜨릴 수 없는 부분을 이루는 내용이고 분지 자체가 낳고 길러온 하나오카 노동자의 근성의 정도를 알려주는 증거이다. 또한 그들의 생부모인 주변 농민의 투쟁 이력으로 보아도 분지에서 두 번 다시 하나오카 사건을 되풀이하지 않기 위한 더욱 넓고 깊은 농민·시민의 연대 가능성을 암시하고도 남는 내용으로 생각하지 않을 수 없다.

백골을 유족에게

위령제를 방해 마지막으로 이 '회고문'을 끝맺으면서 다음 한
두 사항을 보충해두고 싶다.

하나는 하나오카 사건을 두 번 다시 허락해
서는 안 된다고 하는 뜻으로 뭉친 사람들과 평화우호 제 단체 참가하
에 시주施主준비총회의 주도로 하나오카 사건 희생자에 대한 최초의
위령제가 도쿄 아사쿠사浅草의 혼간지本願寺에서 거행된 것은 1950년
11월 1일. 당시의 요시다吉田 자유당 정부는 이에 대해 경내에서 주변
까지 철투구 경관대를 투입해 방해했다.

더욱이 1953년 4월 1일, 당시 결성되어 있던 '중국인 포로 순난자
위령제 실행위원회 위원장' 오타니 에쥰大谷瑩潤 씨를 '국민 총 시주'로
모셔 같은 곳 아사쿠사 혼간지에서 거행된 '하나오카 사건 등 순난자
위령 대법요'에 즈음해서도 자유당 정부는 다시 철투구 경관대를 동
원해 방해했다고 한다.

한편 이 기간 현지와 중앙의 광범위한 정당, 정파를 초월한 사람들
과 단체의 지속적인 투쟁을 거쳐 드디어 중국인 포로 유골반환의 제1
선이 고베神戸를 출항해 중국으로 향한 것은 1953년 7월 2일. 그 제1

선에는 하나오카 광산에서 희생된 사람들의 유골 외에 고사카 광산, 오사리자와尾去沢 광산, 츠치자키미나토土崎港의 축항공사에서 희생된 사람들의 유골을 합해 560주가 등재되었으며 일본인 대표 10명(일중 우호협회 세노오 기로妹尾義郎, 일본 국민구원회 난바 히데오難波英夫, 일본 노동조합 총 평의회 야나기 요시오柳木美雄, 일본 적십자 마스다 마사고로增田政五郎, 일본 각 불교회로부터 나카야마 리리中山里里, 사사키 하루오佐々木晴雄, 미부 쇼준壬生照順, 하타 요시하루畑義春, 평화연락회 아베 고조阿部行藏, 부인단체 마쓰다 도키코松田解子), 하나오카 현지에서 김일수, 그 외 일본인 통역 1명과 화교대표 7명이 승선했다. 그리고 7월 6일 대고大沽 신항新港에 도착, 7월 7일 천진天津에서 유골 출영식出迎式이 열렸다. 8일 마찬가지로 천진에서 추모대회식전이 열렸고, 이 식전과 그 전후에 열린 모든 집회에서 일본인 대표는 두 번 다시 하나오카 사건을 반복하지 않겠다는 결의와 부재전不再戰의 진실을 중국 사람들 앞에 피력했다. 그 뒤 북경에서 이틀간 낮과 밤을 보내고 7월 11일 급거 귀국길에 올랐지만 이 제1선의 배선에 대해서도 당시의 자유당 정부는 끝까지 주저했다. 최후로 내놓은 배는 480톤의 하치죠八丈섬[19]을 왕래하는 화물선 '구로시오마루黒潮丸'. 또한 송환에 따라붙은 대표에게도 대표로서의 허가를 끝까지 머뭇거리다가 선원으로 도항허가를 내렸다고 한다. 시기가 태풍기였던 만큼 선장을 비롯해 도쿄시나해[20] 도항이 처음인 선원들의

. . . .

19 (역주) 이즈제도의 섬.
20 (역주) 태평양 서부 바다.

역투를 잊을 수가 없다.

**유골을 유족 손에
전하다**

송환 대표는 귀국 당일 밤의 보고회를 시작
으로 중앙 각지의 보고회에 참가했고 이윽
고 각자 활동에 들어갔다. 나는 도쿄에서 보
고를 마친 8월 13일 이래, 고사카, 오다테, 후타츠이二ツ井, 아키타, 오
마가리大曲, 요코테橫手, 나가기長木, 다시 오다테를 거쳐 마지막으로
하나오카 광산에서 열린 보고회에 김일수 씨와 함께 참가했다. 보고
내용은 하나오카·우바사와의 땅에서 매일 굶주림과 격한 노동, 그
리고 린치에 시달리다가 최후에는 백골을 드러낼 수밖에 없었던 중
국 사람들의 신체 하나하나의 유골을 유족의 손에 전할 때의, 우리들
일본인 대표의 가슴 한복판을 꿰뚫던 부재전不再戰의 결의와 복받쳐
오르던 자성이었다. 그리고 그 하나하나의 유골을 건네받을 때의 유
족 분들의 통곡과 일본제국주의에 대한 분노, 일본의 평화우호 제 단
체와 인민에 대한 진정성 넘치는 전언이었다.

중국인 순난자의 유골 발굴과 송환 운동은 그 후에도 전국적인 규
모로 진행되어 이윽고 그 운동 관계자들도 1960년대의 안보투쟁기
를 맞이했는데, 바야흐로 이 투쟁이 치열함의 극치에 이른 같은 해 2
월, 김일수 씨는 그의 조국 북한으로 귀국했다. 그리고 그 이듬해인
1961년 4월, 다시 나는 하나오카 광산에서 중국인 포로 유골이 '출토'
되었다는 통지를 위령실행위원회로부터 받았다.

**댐 공사
현장에서**

위령실행위원회 사무국에서 알리는 통지 내용은 다음과 같았다. "…… 지금 하나오카에서는 모토야마元山라는 곳에서 커다란 노천 채굴[21] 작업이 진행되고 있습니다. 전에 중국인 포로가 있던 우바사와 — 50년 전 당시 당신도 김 씨 일행과 함께 유골을 발굴하러 간 우바사와입니다. 그 우바사와에서는 댐 공사가 대대적으로 진행 중이고, 토건회사의 불도저 등도 사용되고 있다고 합니다. 그런데 불도저 기사가 언젠가(그게 불확실합니다만), 아무튼 어느 곳에서(그것도 불확실) 파낸 흙을 파헤치다가 흙 속에서 인간의 손이나 발과 같은 유골을 발견했다는 것입니다 ……."

…… 하지만 안타깝게도 그 기사 이름도, 그에게서 그 얘기를 들었다는 또 한 사람의 인물 — 목수의 이름도 알 수 없지만 '유골'이 출토된 것은 사실인 것 같으니 급히 50년 전 당시 조사하러 갔던 경험을 살려 가달라는 내용이었다.

• • • • • • •

21 (역주) 광상이 지표 가까이 있는 얕은 광상의 경우 적용하는 채굴 유형으로 갱도 따위를 파지 않고 표토를 제거한 후 계단식으로 바로 채굴하는 방법.

다시 우바사와에서

그러한 재조사 방문 목적으로 하나와花輪 마을에 도착한 것은 4월 30일(1961년).

조사에 착수한 것은 다음달 5월 1일(제23회 메이데이 당일).

진흙의 둑   하나와에서 대기 중이던 현지 주변의 일중우호협회 회원들 3명과 함께 우선 오사리자와 광산의 전 가시마구미 하나오카 출장소 직원이었다는 S 씨를 방문해 당시 상황을 들었다. 그 뒤 하나오카 광산을 향해 자동차로 직행했다. 다시 나나쓰다테 터로, 우바사와로, 모토야마의 커다란 노천 채굴터 앞으로 향했다.

하지만 나나쓰다테 터는 발밑 땅이 질퍽질퍽 젖어서 침하해가는 과정이었다. 그 때문에 함몰사건 희생자의 조혼비나 기념 지장地藏 등도 다른 장소로 옮겨졌다. 한편 매립용으로 운반되어 왔는지 진흙의 둑이 막 구축되고 있었다.

그렇다면 이 진흙은 어디에서 옮겨져 왔는지 그 부근에 뒤얽힌 불도저의 자국을 따라가 보니 그것은 모토야마의 큰 노천 채굴터, 혹은 우바사와로도 통하는 듯했다. 그러나 우바사와 자체의 변모가 너무 심했다. 그곳은 이제 한 곳도 남기지 않고 전기삽으로 파헤쳐져 시야에는 한 개의 거대한 독 진흙毒泥의 인공호 — 광재침전용의 댐이 완성되고 있었다.

수백 사람의 중국인 포로의 사체가 불에 탄 100개를 넘는 크고 작은 땅구덩이는 물론, 150개를 넘는 관 상자가 들어서 있던 '머리띠 두른 산'마저도 지금은 겨우 그 편린을 남기고 있을 뿐이다.

이를 확인하고 '이 정도로 능숙하게 변모시켰고 이 정도로 능숙하게 뒤엎었군!' 하고 마음속으로 외치지 않을 수 없었다. '자본은 이를 부득이한 이윤추구를 위해 행하였겠지만 영구히 '하나오카 사건'의 흔적을 이 땅에서 불식시키기 위해서도 행한 것이 아닐까' 하는 생각마저도 내게는 들었다. 그 정도로 우바사와라는 장소가 광재침전용의 댐으로 적당한 장소인지 어떤지 그것은 문외한인 나로서는 알 수 없었지만 말이다.

**국민의
우호운동을** | 그렇더라도 이 우바사와 현장을 둘러보고서는 역시 '소문'의 불도저 기사가 보았다고 하는 '유골'은 이곳(우바사와)에서 나온 중국인 포로의 것으로 생각할 수밖에 없는 것 아닐까? …… 그렇다고 한다면 그 유골은 어디에 있으며, 그리고 몇 명이나 될까?

네 사람이 의문을 밝히기 위해 계속 걷다가 이윽고 그 소재의 장소에 도착해 마음을 먹고 확인해보니 그것은 진흙이 밴, 틀림없는 인간의 두개골 2개와 사지뼈, 그리고 턱뼈처럼 보이는 것을 포함한 무수한 뼛조각이었다.

나는 그것을 자신의 눈으로 확인한 순간 우리의 하나오카 조사는 아직 끝나지 않았다는 것을 절실히 느꼈다. 동시에 일본 국민의 측면에서 본 '하나오카 사건'도 결코 끝나지 않았다는 사실을 통감했다. 그런데 이에 대해서 지금 더욱 절감하지 않을 수 없다.

왜일까? 사건 희생자에 대한 단순한 위령 행사마저 일찍이 그렇게 방해적 태도를 계속 취한 자민당 정부도 현재는 국민의 커다란 여론 앞에서 드디어 '일중우호'정책을 취하지 않을 수 없게 되었다. 하지만 이 정부가 한편으론 미일안보조약을 단호히 수호하는 상황 속에서 미국의 베트남 침략에 가담하고 있다. 더욱이 가담함으로써 국가 모든 곳의 '하나오카 광산'에 '나나쓰다테 사건' 발생의 가능성을 남기고 있으며 실제로 그러한 사건을 발생시켜 자국민을 괴롭히고 있다.

이와 같은 사실에 눈을 감고 진행되는 '일중우호'가 과연 진정으로 '부재전'으로 통하는 일중우호가 될 수 있을까?

그러기에 국민의 심오하고 날카로운 눈과 국민 자신의 생활 기저에서 오는 우호운동이 요구되고 있는 것이다.

나나쓰다테 유체遺體도 | 들리는 바에 의하면 하나오카에서는 오랫동안 그 상태이던 나나쓰다테에 대해서도 노천 채굴 개발이 시도되어 현재 진행 중이라고 한다. 따라서 근간에 함몰사건으로 희생된 22명의 유체도 발굴될 것이라고 한다. 그 유체야말로 실로 28년 전 전쟁 난굴로 인해 일어난 하나오카 강 붕괴 — 그 때문에 갱내 함몰로 생매장된 한일 노동자의 유체임과 동시에 그 함몰사건이야말로 '하나오카 사건' 희생자를 이 지역으로 부른 하나의 중요한 도인導因이 되었다.

우리는 정신 차리고 그날을 맞이해 그날 또한 '일중부재전日中不再戰'으로 이어지는 날로 기록해야 하지 않을까?

이 내용을 부기하며 나는 스스로 직접 관여한 조사활동에 근거한 이 '회고문'을 일단 마친다.

사건 선행 조사자도 많고 그 뒤 새롭게 이 사건 규명에 착수한 사람들도 적지 않다. 그것과는 별도로 내가 전혀 언급하지 않은 점 — 특히 이 사건 관계자의 군사재판 경과 등이 있다. 그런 내용도 포함해 또 다른 기회에 보충할 수 있으면 다행이겠다. 우호운동에 관여하는 많은 선배들과 회원 여러분에게 교시를 청하는 바이다.

2부

하나오카 이야기

❖

『하나오카 이야기』는 하나오카 사건을 직접 체험하거나 목격한 현지인들의 증언을 토대로 판화작가와 시인이 목판화와 서사시로 표현해 출간한 목판화집이다(1951년 출판).

세배 요시오瀬部良夫(본명은 기타 세츠지喜田説治)가 시로 완성했으며, 니이 히로하루新居広治가 판화의 초벌 그림 대부분을 도안하였고 다키다이라 지로滝平二郎, 마키 다이스케牧大介 등이 힘을 합해 결실을 맺었다(광주시립미술관이 2004년 제작한 책자 『하나오카 이야기 전』에서 하정웅 광주시립미술관 명예관장이 언급).

시는 아키타에 거주하는 이우봉 씨(김영애 편집)가 초역한 것을 참고로 이번에 역자(김정훈)가 첨삭하거나 가필하였다. 시의 사용과 판화 데이터 공개를 허락하신 '하나오카의 땅·일중부재전日中不再戰 우호비를 지키는 회'의 오쿠야마 쇼고奥山昭午 대표에게 사의를 표한다.

여기에 실린 판화작품의 출처는 모두 광주시립미술관 소장 하정웅컬렉션이다.

표지 〈하나오카 이야기〉 1951, woodcut, 22x27cm

花岡ぶし

〈하나오카 민요〉

하나오카 민요[1]

1절

벼는 1모작, 겨울철엔 산사람
딸아이 팔고 논밭은 빼앗기고
농사일 팽개치고 그대 어딜가나
북쪽의 외딴 곳 하나오카로

2절

봄엔 진달래 방그레 피지만
백 년 가도 철 캐는 사람들 규폐병이로다
광물이 파묻힌 그곳 땅밑엔
유골이 울부짖는다 돈의 광산이여

- - - - - - - -

1   (역주) 위 악보와 가사는 『하나오카 이야기』(1951) 표지 뒷면에 실린 것이다. 이곳에
    게재함에 있어서 작곡은 민속가무단 '와라비좌'의 창시자인 하라 다로原太郎(〈산유화〉
    의 작곡자로 알려진 김순남의 스승)에 의한 것임을 밝힌다.

하나오카를 잊지 마라!

속표지 〈하나오카를 잊지마라〉 1951, woodcut, 22x27cm

무제

벼는 1모작, 겨울철엔 산사람
딸아이 팔고 논밭은 빼앗기고
농사일 팽개치고 그대 어딜가나
북쪽의 외딴 곳 하나오카로

봄엔 진달래 방그레 피지만
백 년 가도 철 캐는 사람들 규폐병이로다
광물이 파묻힌 그곳 땅밑엔
유골이 울부짖는다 돈의 광산이여

전쟁 때마다 불어났지
하모니카 같은 공동숙사와 지주의 지갑
나에겐 지옥 같은 돈의 광산이여

〈무제〉 1951, woodcut, 22x27cm

쇳가루

지옥일세 흡사 이 산이
광산에서 흘러나온 쇳가루
쇳가루에 파묻혀 가는 논
화난 농부들 항의깃발 곧추 세워
광산에 단판 지으러 온 적도 있지
노랫말로 읊자면

논 뒤덮은 쇳가루 보고
우리 집 아낙도
산 까마귀도 까악 까악 울어 대네

황폐한 논 바라보면
타오르네 분노가
치밀어 오르네 부아가

〈쇳가루〉 1951, woodcut, 22x27cm

비틀비틀

아무리 감독이 매질 해대도
"증산, 증산"이라 염불 읊어대도
사람 힘에는 한계가 있는 법
숙사에선 배급 빼돌리고
제대로 먹을 것도 주지 않으니
비틀거리는 건 당연하지 않은가
하물며 아녀자 힘으로 오죽 할까
허약한 상인들은 말할 나위도 없지

〈비틀비틀〉 1951, woodcut, 22x27cm

헐벗은 소녀

아무리 "국가를 위해서"라지만
강제로 끌려온 아녀자들
터무니없는 모습으로 광차를 밀고 있네
배꼽까지 보이는 헐벗은 차림새
한 조각 헝겊으로 앞만 가린 채
얼마나 부끄러울까!
얼마나 원망스러울까!
부끄러워도 원망스러워도
입 밖에 꺼낼 수 없네
뒤쪽에는 감독의 여섯 자 몽둥이
아아 높은 양반들,
인간다운 마음이란 추호도 없구나

〈헐벗은 소녀〉 1951, woodcut, 22x27cm

병든 사람까지

몸이 아파 집에서 쉬는 사람까지
끌어내니 힘이 없어 비틀비틀
"군의 명령이다"
"성스러운 전쟁을 위해서다"
이를 갈고 원망해도
돈벌이에 눈이 먼
전쟁 장사꾼 놈들에겐
그까짓 일 아무 것도 아닌 게요

〈병든 사람까지〉 1951, woodcut, 22x27cm

나나쓰다테의 낙반

무너지네!
나나쓰다테가 무너지네!
공이 튀 듯 광부가 나자빠지네
"아버지를 살려내라!"
"우리 애 뼈만이라도 돌려 다오!"
처절하게 통곡하며 애원하는 아낙네들
헌데 회사 놈들은 뭘 했는가
오로지 하나
위령제 때 돈 몇 푼 부조했을 뿐
산 채로 매장된 23명의
유골은 지금도 그대로
44년 5월의 일일세
그렇고말고
이 산이 돈 벌고 있는 뒤쪽에선
땅밑의 옛 유골들이 울부짖고 있네

〈나나쓰다테의 낙반〉 1951, woodcut, 22x27cm

투쟁하는 조선인들

조선의 노동자들 ―
농부들도 징용되어 왔지
그 한반도 사람들
마침내 참지 못하고
우루루 사무실로 몰려와
"임금을 올려라!"
"배급을 똑바로 해라!"
우리들은 마음속으로 손뼉 쳤지
조선인들이지만 용기가 대단해!
모두가 어찌할 수 없던 그때
너무나도 심한 대우에
징용공들은 밤에 도망치기 일쑤였지

〈투쟁하는 조선인들〉 1951, woodcut, 22x27cm

근로보국대

구리가 나오는 이 산
화약 원료가 생산되는 이 산
전쟁 때는 미치광이처럼 보였지
패닉 상태였으니까
여자들도 끌려가고
학생들도 끌려가고
마을 상인들도 끌려가고
모두가 동원되어 생활은 엉망진창
그리고 큰 소리로 협박당하기를 —
"국가를 위해서다" 너희들 죽을 각오해라!

〈근로보국대〉 1951, woodcut, 22x27cm

세 대의 기차

매일매일 이 하나오카의 땅밑에선
광석 운반하는 기차와
지하로 사람 옮기는 기차가
엇갈려 지나간다
토지를 빼앗긴 농부들
가업을 탕진한 상인들
죽도록 일해도 살기 힘든 사람들을
하나오카의 땅밑으로
죽도록 부려먹기 위해
태우고 들어오는 기차

하지만 우리들이 잊어서는 안 되는 건
그 세 대의 기차
중국 포로들을 싣고 온 기차
첫 번째 1944년 7월
두 번째 1945년 5월
세 번째 1945년 6월

〈세 대의 기차〉 1951, woodcut, 22x27cm

중국인들은 왜 하나오카에 왔을까 (1)
중국 포로 이야기

나는 파괴공작 때
일본군에게 붙잡혔지
처박힌 수용소에는
어린애부터 노인까지 3천 명의 동포
나라를 빼앗는 역적에게
큰 학대를 당했어
매일 20명씩 죽어갔지
여자는 죄다 일본군에게 치욕을 당하고

2번째의 고량高粱밥
이 많은 사람들에게 단지 우물 하나
그 배고픔이여,
타오르는 갈증이여!

〈중국인들은 왜 하나오카에 왔을까 (1)〉 1951, woodcut, 22x27cm

중국인들은 왜 하나오카에 왔을까 (2)

어느 날 기차에 실려서 ―
기차에는 '북경 행'이라고 적혀 있었지
숨도 못 쉴 정도로 가득 처박힌 까닭에
허약한 동료는 도착하기도 전에 죽었어
우리는 기차의 틈 사이로
붕어처럼 뻐끔거리며 공기를 마셨지
자기 소변마저도 마셨지

〈중국인들은 왜 하나오카에 왔을까 (2)〉 1951, woodcut, 22x27cm

중국인들은 왜 하나오카에 왔을까 (3)

옛날엔 독일에게 빼앗겼고 지금은
일본 악귀에게 빼앗긴 항구
우린 진따오青島에서 배에 실려 연행되었소
끊임없는 배고픔과 목마름
발길질을 당해 바다로 빠졌고
배 철관의 물방울을 핥았소
겨우 목숨을 부지해 — 일본으로 끌려왔소

이게 포로들의 이야기라오
갈비뼈 바싹 마른 채 무릎 휘청거리며
그들은 끌려 왔소
아키타의 북쪽 외딴 곳 — 하나오카로
그리하여 토목공사 가시마구미의
주우산中山 숙사에 처박혔소

〈중국인들은 왜 하나오카에 왔을까 (3)〉 1951, woodcut, 22x27cm

가시마구미

주우산 숙사란 듣기만 좋을 뿐
완전히 지옥 1번지
그때부터 —9백여 명의 중국인들에 대한
너무나 참혹한 대우가 시작되었소
우리는 매일 눈뜨고 볼 수 없었다오
현장까지 이동하는 길목에서
조금 대열이 흐트러졌다고
그렇게 굵은 곤봉으로 때려눕히다니
반죽음을 당했소
이유인즉슨 항일전의 선발부대로
팔로군이 선두에 나섰기 때문에
일본 군벌과 왕汪정권이 타협해
아주 혼줄 내 죽이자고 끌고 왔다고 하오

〈가시마구미〉 1951, woodcut, 22x27cm

지옥 같은 작업

밤 외출은 엄하게 금지되었고
여름 겨울 할 것 없이 단 한 벌의 홑옷
뼈에 사무치는 북쪽 지방
차디찬 흙탕물 속 맨발 노동
여기저기서 굶어 죽고 얼어 죽고
움직일 수 없어 삽에 기대어
한숨 돌리자니 두들겨 맞고
맞다가 그대로 목숨을 잃었소

그렇게 밤 9시가 지나고
때로는 한밤중이 될 때까지
일본도와 곤봉과 고함소리
몰아붙이는 소리가 들려왔소

〈지옥 같은 작업〉 1951. woodcut, 22x27cm

한 모금의 물

아무리 목이 말라도
작업 중엔 물 한잔 주지 않았소
아무리 부탁해도 허락하지 않았소
거기는 하나오카 강변
무릎까지 잠기어 일하면서
떠먹기라도 하면 감시의 눈이 번쩍
견디지 못해 한 모금 마시면
갑자기 곤봉이, 군화가, 칼집이
웅크린 사람의 어깨, 허리, 등을
마구잡이로 찌르고 차고 패고
(일부러 죽일 셈치고)
본 사람은 모두 그렇게 생각했다오

〈한 모금의 물〉 1951, woodcut, 22x27cm

개간

병든 사람들도
삽을 둘러매고 우바사와의
황폐한 땅 일구기 위해 동원됐지
보면 당장이라도 고꾸라질 듯
삽에 기대고 있는 사람 뒤에선
철썩! 철썩!
곤봉 소리가 울렸지

밭은 온통 푸르게 영글었지만
얼마나 수치스러운 일인가

생명 바쳐 일한 그들의
입에는 조금도 들어가지 않았으니

〈개간〉 1951, woodcut, 22x27cm

독초

도토리 가루, 사과 껍질, 쌀겨와 물
말 짐승도 먹지 못하는 이런 것들이
그들의 식량이었지
도대체 상부의 배급은 어찌된 게야!
가시마구미의 우두머리가 옆으로 빼돌린 듯
그래서 밟힌 사과 껍질을 먹고
길가의 풀도 다 뜯어먹었지
— 독초를 먹고 죽은 사람도 있다오
서 있지 조차 못할 정도로
영양실조 상태의 그들
그럴수록 더욱 더 이를 악물고
밟혀도 다시 일어나 살아남았지
무엇을 위해
아아 무엇을 위해

〈독초〉 1951, woodcut, 22x27cm

배신자

배신자가 그곳에도 있었소
동료 모두가 괴로워하고
동료 모두가 참고 견딜 때
그 자는 도둑처럼
감독에게 아첨하고 비위 맞춰
술대접하랴 밥시중들랴
배급 빼돌리는 도둑들의
용돈 받아서 배불리고
동료를 괴롭히며 으스대다니 —

〈배신자〉 1951, woodcut, 22x27cm

버드나무 잎

"이런 비참한 일 두고 볼 수 없어"
버드나무 잎을 건네준 어르신이 있었지
개떡을 먹던 시절이었소
아마 버드나무 잎사귀를 먹은 적이 있는
사람이었겠지
일꾼 들은 모두 하나
가난한 사람은 모두 형제
감독 눈을 피해가며 개떡 가져온
사람이 있었소
일본 광부들은 배급 건빵 나눠주고
학생들은 차를 마시게 했지
그리고
중국말과 노래를 배웠다오
…… 회사 사람들 고기 배부르게 먹고
마시고 남은 탁주 하수구에
버리고 있을 때

〈버드나무 잎〉 1951, woodcut, 22x27cm

손에 손잡고

그 사람이 가르쳐 준 노래
일어서라, 노예가 되어서는 안 되지 인민이여
인민의 피로 쌓아올리자 만리장성
중화민족은 지금 위기에 처해 있소
힘차게 외치자
일어서라 일어서라 일어서라……

(의용군 행진곡)

〈손에 손잡고〉 1951, woodcut, 22x27cm

투쟁의 노래

그런데도 ―
그 사람들 풀 죽은 적 없었지
허기지고 굶주리고 죽임을 당해도
그 사람들 풀 죽은 적 없었지
뼈만 남아 앙상해도 목청껏 가슴으로
모두가 노래 불렀지
세상을 바로 세우자는 노래를
노동자들의 고뇌를
응어리진 마음 풀자는 노래를(해방가)
모두가 힘차게 노래 불렀지!

〈투쟁의 노래〉 1951, woodcut, 22x27cm

폭격 소리

그때 그 소리를
어떤 심정으로 그들은 들었을까? —
그때는 1945년 여름
부웅 울리는 음 꼬리를 물고
B29가 이 산 위를 날아갔지
중국 포로의 선두에 선
팔로군 사람들
노동자 농민의 고뇌의 뿌리를
뽑아내는 역할 위해 선발된 사람들
예리한 눈길 번뜩이며
주시했지 그 폭격 소리를
"때가 왔다!" 하며

〈폭격 소리〉 1951, woodcut, 22x27cm

비밀회의

(때가 왔다!)
소, 말 짐승이란 욕설을 듣고
발로 차이고 두들겨 맞아도
참아 온 것은 그 때문
지금이야말로 ……
"일본의 천황제를 쓰러뜨리고
침략전쟁을 물리치고
일본인민을 해방시켜
세계의 평화
인류의 행복을 위하여"
그 사람들은 투쟁해 왔네
본국의 전쟁터를 눈앞에 떠올리며
그리고 ……
투쟁의 전략을 세웠다네
매일 밤 비밀회의를 열어

〈비밀회의〉 1951, woodcut, 22x27cm

주력부대

무엇보다 먼저
사람들을 선발하여
목숨이 다할 때까지
강철처럼 투쟁할 결심으로
주력부대를 편성했다오
일본의 노동자들에게도 호소했소
서로 손잡고 똑 같은 적과
최후 투쟁을 위해 봉기하자고
모두 없는 식량을 긁어모아
그 사람들에게 주었다오

〈주력부대〉 1951, woodcut, 22x27cm

승리 선언

우리는 뭘 하려고 일본으로 건너왔나?
무엇 때문에 개보다 못한
대우에도 견디어 왔나?
중국의 우리들을 멸망시키려는 자들
일본의 형제들을 희생물로 삼는 자들
세계를 피로 물들인 히틀러 — 도조 일행
파쇼의 사신들을 이 세상에서
추방하기 위해 그야말로 ······

일본을 바로잡는 횃불을 높이 들자
노동자와 농민에게 여명을 알리자
우리의 힘으로 그들을 깨우치자
전쟁을 끝내고 자본가와 군벌을 타도한 뒤
평화롭고 행복한 나라를 세우기 위해

히틀러는 망했다
소련동맹의 위대한 힘이
동쪽에 보일 날도 멀지 않다

승리에 빛날 날도 멀지 않다

그 사람들은 동료를 이렇게 격려했지
움푹 파인 눈을 반짝이며

〈승리 선언〉 1951, woodcut, 22x27cm

스파이

조심해!
살며시 사라진 자가 있었지!
생명을 건 갈림길에서
그놈은 벌레만도 못한 자!
더러운 배신자
목숨이 아까워 동지들의
중대한 계략을 밀고했지
(중요한 비밀이 폭로되었다!)

〈스파이〉 1951, woodcut, 22x27cm

총궐기

이젠 조금도 여유가 없다!
모두 방심하지 마라!
전략은 중지하고 총궐기
항일 중국인민의 깃발을 올리자!

〈총궐기〉 1951, woodcut, 22x27cm

보복의 제물

혼나봐라 …… 보복의 일격은
먼저 민족의 배신자
늘상 동료를 차고 때리고
중요한 임무까지 팔아먹다니!
우리들의 곡괭이 맛을 봐라!
그다음엔!
식량을 훔치고 동료를 살해한
군벌의 진드기 감독 놈!

〈보복의 제물〉 1951, woodcut, 22x27cm

더 나은 감독

그랬지
같은 가시마구미의 감독이라도
더 나은
더 인간적인 감독도
있었지
포로들은 분별하여
그 감독은 도망치게 했다오

〈더 나은 감독〉 1951, woodcut, 22x27cm

광산에선

배신자의 밀고로
눈이 뒤집힌 회사의 중역들
현縣의 특고特高과장에게 전화로 소란 —
화들짝 놀라
현장으로 달려와서
한밤중에 지역경찰들이
명령을 내렸다오

〈광산예선〉 1951, woodcut, 22x27cm

죽창

"무기를 가지고 있다니까"
"분수도 모르는 때국놈들"
"때려 죽여"

— 장교들은 흉내와 손짓,
관리와 지주들은 우리 마음에
독기를 불어넣었지
너도 나도
놈들의 감언이설에 감쪽같이 속아
죽창 매고 칼 빼들고
몸을 떨면서 산으로 들어가
자기 위치에 섰지

〈죽창〉 1951, woodcut, 22x27cm

조선인

장교들과 회사 측은
일본인 노동자를 산에 풀어
몰아붙였지
조선인들은 끽소리도 못하게
갱내에 가두어 놓았지
뒤가 구린 그 놈들에겐
조선인들이
"무뢰한의 무리"
언제 불이 붙을지 모르니까
― 해방의 폭탄!

〈조선인〉 1951, woodcut, 22x27cm

산 토벌의 훈시

지시받은 대로 나란히 줄을 선다
재향군인 익찬청년단
부인회 소방대
장교는 군도를 빼들고 호령했다
"관동지진 때의 무뢰한 조선인처럼"
중국 포로가 폭동을 일으켜
이미 폐하의 신민 수명을 살해했다
그놈들은 약탈, 방화, 살인,
폭동을 위해선 수단을 가리지 않는 폭도다
제군은 즉시 정렬하라

〈산 토벌의 훈시〉 1951, woodcut, 22x27cm

출발

전화선을 끊었소
무기를 빼앗았소
출발
일단 흩어져서
다시 모일 그 시간을 위하여
산으로 향하라 결실의 산으로!
어두움을 발로 딛고 디디라
해방의 노래 소리는 먼 바다 울림
그 사람들은 흩어져 갔소

〈출발〉 1951, woodcut, 22x27cm

시시가 숲獅子ヶ森[2]으로

주력부대는 남쪽으로, 오다테大館 방면으로

돌격 돌격

돌격 돌격

총신銃身은 별을 비추고

삽은 밤이슬에 젖어

그들의 눈동자는 또렷이

반짝반짝

시시가 숲으로

시시가 숲으로

2   (역주) '시시가 숲獅子ヶ森'은 원본에 '아키바 산秋葉山'으로 표기되어 있으나, '일중부재
     전 우호비를 지키는 회'에 의해 '아키바 산'은 '시시가 숲'의 오기로 판명되었다. 따라서
     여기에서는 '시시가 숲'으로 바로잡는다.

〈시시가 숲으로〉 1951, woodcut, 22x27cm

시시가 숲의 투석전

시시가 숲으로 들어간 중국인들의
번쩍 쳐든 그 손, 그 고함소리
우리들 노동자 농민에게
호소하려는 몸짓 아니었을까?
"같이 봉기하자, 일본인민의 해방을 위해 —"라고

헌병, 경찰, 자본가, 지주들에게 선동되어
우리는 그들에게 돌을 던졌지
여기저기서
산위에서도 돌이 날아왔어
우리들은 그때 형제의 인연을 끊었지
"빌어먹을 때국놈들 뒈져버려" …… 라고

그렇게 2일간이나 계속된 투석전
애석한 중국인들
고통 받은 그들
혼신의 힘을 짜낸 해방의 노래는 그칠 줄 몰랐으나
날아오는 돌은 힘이 없었지

한 여름의 숲속 소동도 맥이 빠졌지

〈시시가 숲의 투석전〉 1951, woodcut, 22x27cm

그 부대장

아아 그 부대장 ……
뼈가 쑤시고 아파도 강철같이
강건하던 부대장
하지만 — 기세에는 이기지 못해
애석하게 전쟁터에서 동지들은 연이어
힘이 다하여 쓰러지고 붙잡히고 ……
싸우고 물러난 뒤 끝내 눈앞에서 사라졌소

그 부대장 지금도 중국에서 살고 있다오
군대를 이끌고 바다건너 돌아가서
나라를 팔아먹은 강개석과의 투쟁을 위해
대륙을 종횡무진하고 있다지
중국의 인민해방을 달성하기 위해
그리고 아시아 각국의 인민해방의
요새를 굳게 쌓아 올리기 위해

〈그 부대장〉 1951, woodcut, 22x27cm

너구리국

우리들은 보았소 ……
나무 기둥에 매달린
뼈가 부러지고 한쪽 손이 잘린
중국의 젊은이들
어느 한 사람 신음조차 내지 않았지
오다테 경찰서 앞에 끌려온 그들을 보고
"너구리국감이야" 하며 너스레를 떨었어
두려움 속에서도 증오에 불타는 지주들의 얼굴
헌병의 비웃음
묶여서 저항 못하는 이들을
하물며 죽창으로 찌르고 곤봉으로 때리고
그때의 고고한 그들의
눈빛이여
개를 보고 멸시하듯
침묵하던 그 눈빛

〈너구리국〉 1951, woodcut, 22x27cm

광장의 고문

교라쿠칸共樂館 앞의 광장은
이 세상의 지옥
숨이 끊어질 듯한 그 사람들을
삼각의자에 앉히고
용변 때도 묶인 채 두 명 한조
작열하는 한 여름의 대낮
총대, 몽둥이, 칼집일세!
숨 쉴 틈도 주지 않고
마시지도 먹지도 못하게 한 3일간
우리들은 눈 뜬 장님처럼
물끄러미 쳐다보고 있을 뿐

〈광장의 고문〉 1951, woodcut, 22x27cm

피 흔적

썩은 다랑어인가
죽은 말인가
포개진 채로 트럭에서 발길질에 차였지
둘씩 묶인 채로
그곳 ─ 하나오카 교라쿠칸의 광장에는
지금도 그 사람들의 피가 배어 있다오
그 피는 지워지지 않소
이 세상에 개만도 못한 놈들이 있는 한
지금도 여전히 그 광장엔 ……

〈피 흔적〉 1951, woodcut, 22x27cm

쑥떡

너무나도 가여워서
살그머니 무릎 옆에
쑥떡 던져준 아낙네
그들 중 한 사람이 무릎으로
쑥떡을 끌어 당겼소
그걸 본 헌병이 갑자기 발길로 차서 넘어뜨리고
아낙네의 얼굴을 사정없이 후려쳤다오

〈쑥떡〉 1951, woodcut, 22x27cm

철사

교라쿠칸 안에서는
소름 끼치는 신음소리
내려치는 둔탁한 소리
세차게 튀어 오르는 철사에
엄지손가락 묶어 매달아……
살점이 떨어지고 손가락만 남았다오
나중에 그 얘기를 들은 우리
몸이 너무나 오싹했소

〈철사〉 1951, woodcut, 22x27cm

사체

살해당한 300여 명의 사체
3일간이나 지속된 고문 끝에
한여름의 백주 대낮 —
날지도 못할 만큼 피를 빠는
새까만 쇠파리 떼에 뒤덮여
밤에는 허기진 개가
냄새 맡으며 코를 킁킁댔지

〈사체〉 1951, woodcut, 22×27cm

백골

우바사와의 들판에는 지금도
수없이 많은 유골들이 발견되고 있소
내던져지고 살점이 떨어진 채로 ……
비에 떠내려간 흙속에서도 나뒹구오
도조와 히로히토와 그 앞잡이들
살해당한 그 사람들의 유골이
비에 씻기고 바람을 쏘이며 ……
이게 인민을 학대하고 구속하기 위해
행할 수밖에 없는 국가라고 호소하듯
자본가와 지주, 경찰의
잔혹한 비행을
우리들은 목격했소

〈백골〉 1951, woodcut, 22x27cm

전쟁은 끝났네

이윽고 무모한 전쟁은 끝났네
"이긴다, 이긴다" 하고 우리를 속여 온
일본군벌과 천황이
결국은 국가 살림을 망쳤네
B29는 미국의 포로에게
여러 물품을 던져준 뒤
'붕' 하고 날아갔네
그때 처음 접한
포로들의 생생한 표정

하지만 ……
중국 포로들은 한 푼도 없이
누더기 옷에 새끼줄
동여맨 채로 그대로일 뿐

〈전쟁은 끝났네〉 1951, woodcut, 22x27cm

투쟁

얼마나 낯 두껍고 잔인한지
얼마나 욕심 많은 회사인지
전쟁이 끝난 일
일본이 진 일을
모른 체 지나칠 셈 ……
그 사람들 여전히 이전처럼
부려먹으려 했지
그게 시치미 떼고 지나갈 일인가!
중국인들은 일어섰어
회사에 추궁했지
"놀리지 마라
인간취급을 하라!
한시라도 빨리 조국에 돌려보내!
우리들을 괴롭히고 형제의 피로
손을 더럽힌 전범을 끌어내!"

〈투쟁〉 1951, woodcut, 22x27cm

전쟁 도모자들

새파래진 자본가 지주 놈들
미국 나리에게 울며 매달렸지
가시마구미의 책임자, 헌병대장
지사, 경찰부장, 특고과장
재향군인회, 익찬청년단 간부
어느 쪽도 뒤지지 않는 피투성이의 살인자들
하지만 웬일일까
하수인이던 작은 전범만 처벌받고
큰 전범들은 또 크게 돈을 벌다니
지금 하나오카는 남의 나라의 군사기지
새로운 전쟁준비를 그들은
도모하고 있다오 —
우리들 노동자 농민을
노예로 부리고 육탄으로 삼으려고

〈전쟁 도모자들〉 1951, woodcut, 22x27cm

깨우침의 노래

땅밑을 뒤흔드는
중국 선인들의 귀중한 희생의 노래가
우리의 혼을 일깨웠네
이제야 깨우친 우리들 노동자
농민의 분노 앞에
부들부들 떨고 있는 전범 ―
가시마구미의 골통들
부처라도 대신하듯
주섬주섬 뼈를 모아
그게 돌덩어리 인양 석유통에 넣고
밭의 가장자리에
체면치레로 비석을 세웠다네

〈깨우침의 노래〉 1951, woodcut, 22x27cm

선인들을 본받자

해방의 노래를 소리 높여 힘차게 불렀지
살아남은 중국인들
조선인들은 마음속으로
노래를 불렀다오
우리들도
그 노래 소리에 맞춰 합창을 했다오
그때부터 우리들은
회사와 지주와 정부를 상대로
투쟁하기 시작했지

2·1 투쟁 때도
피를 흘린 데이세키帝石 투쟁 때에도
우리들 희생자는 선인들의 뒤를 이어
싸웠다오
선인들의 유골을 모두 파내자
한 사람도 빠짐없이 전범을 색출해 처벌하고
선인들의 업적을 길이 남기고 전하는 것은
우리들의 임무라오

〈선인들을 본받자〉 1951, woodcut, 22x27cm

유골함

아낙들은 울먹였소
"우리 그 이
유골함 도착했지만
뼈 한 조각 없었지"
"하지만 중국인들 다행이야
뼈라도 주워주니까 —"
아낙들 기차 속에서
중국인들에게 안긴 유골함 보고
울었다오

〈유골함〉 1951, woodcut, 22x27cm

장례식

아무렴
노동자가 힘을 지닌 사람들
잡초를 파헤치고
형제들의 유골을 찾아준다
보라, 일본 천황과 군벌을
종이 한 장으로 전쟁터로 끌고 가
나중엔 들판에 팽개치고 비바람에 방치하고

그대 아낙들은 전해주오 ―
"중국인들 장례식까지
최선 다해 치렀다고"
아무렴 ― 우리도 배우지 않고
그냥 있을쏘냐!
살해된 그들의 영혼이
우리 일본인 모두에게 전해진다
타오르지 않고 있을쏘냐!
지금이야말로 반동의 썩은 그물 걷어내고
이 나라의 인민들에게

광명의 빛을 보일 때가 왔도다!

〈장례식〉 1951, woodcut, 22x27cm

권총과 곤봉

이 장례식 상주는 누구일까?
살아남은 그 사람들의 형제
쑥떡 먹여준 하나오카의 애비, 아낙
그뿐만이 아니오 — 진짜 상주는
5억 인 그들의 동포
8천만 일본의 노동자 형제
아니 그뿐이랴 —
평화를 지키고 전쟁을 증오하며
일본을 침략전쟁의 발판
아시아 불행의 발상지로 만들지 않기 위해
하나가 되어 투쟁하는 아시아와 전 세계의 인민!
이 참혹한 불상사를 되풀이하지 마라!
이 사람들을 본보기로 투쟁하자 —

그 소리에 부들부들 떨던 개보다 못한 놈들
장례식 때 노래 부르지 못하게 하고
그들에 대해서 말하지 못하게 하고
권총과 곤봉으로

적기에 맹세하는 노동자들을

강제로 내쫓았다오

〈권총과 곤봉〉 1951, woodcut, 22x27cm

거부당한 장례식 인사말

함께 고생하고
함께 싸웠지
살아남은 그 사람들의 동지가
살해된 형제에 대해 말하려고 하자
장개석의 부하들이 덤벼들어
저지했어
선인들에게 배우려한 일본인민과
중국인들이 손잡을까 두려워서
울면서 몸부림치는 그 사람을 뿌리치며
말하지 못하게 했다오
그렇게 시킨 자는?
알잖소!
그래 그자들은 다 한통속이야
잘 알잖소!

〈거부당한 장례식 인사말〉 1951, woodcut, 22x27cm

중국인민의 분노

하나오카의 희생자 사건을 알게 된
중국인민은 분노에 떨며
땅을 치고 일어섰지
곽말약郭沫若[3]은 외쳤다오
"하나오카 희생자 400명은
일부에 지나지 않는다. 몇 배 몇십 배의
희생자가 있다"
"모든 방법을 동원해 동포를 살해한
전범들을 찾아내어
처벌하지 않으면 안 된다"
"지금도 세계평화의 적 군국주의의 뿌리를 뽑기 위해
피에는 피로 ……"

. . . .
3   (저자 주) 중화인민공화국 부총리, 세계평화위원회 부회장.

〈중국인민의 분노〉 1951, woodcut, 22x27cm

잊지 마라

잊지 마라 아낙네, 어버이들아
명심하라 아들들아

나나쓰다테에는 예로부터 지금까지
우리들 형제의 뼈도 그대로 있노라
지금도 우리들 입은 봉쇄된 상태고
팔은 묶인 채이다
잇달아 형제들이 비틀거리고 가슴 병 앓아
갈 곳도 없는 아키타의 북쪽 끝에서
살해되어 가는 것을 보고 있노라
누가 우리들 목숨을 빼앗는가?
알겠노라!
우리들도 포로라오 자기 나라면서도
대열을 흩뜨릴 수도 없거니와
풀 뜯어 먹고 노동에 내몰리고
타국을 위해 혹사당하는
죽은 사람들과 같은 처지
깨닫지 않아서야 되겠는가!

하나오카를 잊지 마라!

〈잊지 마라〉 1951, woodcut, 22x27cm

해설
마쓰다 도키코
「하나오카 사건 회고문」
김정훈

❖붙임말

해설은 역자가 2010년 『민주문학』 9월호(일본민주주의문학회 발행)에 발표한 논문을 우리말로 옮긴 뒤 독자의 이해를 돕기 위해 거기에 약간의 수정, 첨삭을 가한 것이다. 해설 작성에 있어서 민족예술연구소의 차타니 주로쿠茶谷十六 씨 가 자료를 제공, 하나오카 사건 당시의 조선인과 중국인의 위상에 대해서도 씨 의 조언에 힘입었음을 밝힌다.

시작하며

'하나오카 사건'이란 어떤 사건일까. 마쓰다 도키코는 르포 「하나오카 사건 회고문」을 시작하며 다음과 같이 서술했다.

> 제2차 세계대전 말기 — 1944년 7월 28일 299명, 이듬해 1945년 4월 18일 589명, 같은 해 5월 11일 98명, 합계 986명의 중국인 포로가 군과 가시마구미鹿島組에 의해 아키타현의 광산 하나오카에 강제 연행당해 전시증산을 위한 수로변경공사 및 댐공사에 투입되었다. 일본의 패전까지 불과 1년 사이에 그중 42.6%에 이르는 420명이 아사, 혹사, 사형, 또는 포로의 집단봉기 후에 일어난 대규모 탄압과 폭력으로 생명을 잃은 참혹한 사건이다.[1]

두렵고 놀라운 일인데, 마쓰다 도키코만큼 하나오카 사건의 진상 규명 운동을 치열하게 전개한 작가는 없을 것이다. 마쓰다 도키코는 하나오카 사건을 명백히 밝히기 위한 투쟁을 직접 행동으로 옮겼을 뿐만 아니라 『땅밑의 사람들』과 같은 작품과 다수의 보고서, 르포 등을 통해 철저히 그 역사적 진실을 기록했기 때문이다.

그렇다면 왜 하나오카 사건이 일어났을까. 다년간 하나오카 사건을 조사하고 연구한 노조에 겐지野添憲治는 그 배경에 대해

----

1   마쓰다 도키코 자선집 제6권 『땅밑의 사람들』, 澤田出版, 2004의 부록에 수록.

하나오카 광산은 아오모리현 경계에 위치하고 있는 중간 규모의 광산
으로 1885년에 발견되었다. 1915년에 후지타 회사로 경영이 넘어간 다음
해부터 새로운 광상이 연이어 발견, 커다란 광산이 되었다. 양질의 동, 연,
아연 등을 산출, 중일전쟁이 발발하자 군수산업지로 주목받았다. 태평양
전쟁에 돌입 후 군수공장으로 지정돼 국방부로부터 월 산출량의 두 배를
부여받았다. 그리고 설비 불량, 기계 부족 등을 채우기 위해 많은 노동력
을 투입했다.[2]

라고 설명했다. 당시 전쟁에 광분하던 일본제국주의, 그리고 그 권
력과 결탁한 기업은 오로지 증산을 위한 난굴로 이웃나라 빈민에
대한 착취와 지배를 반복했다. 또한 전쟁물자 조달을 위해 무법적
폭압을 행사해 수많은 인명을 앗았다. 마쓰다 도키코는 이에 어떤
태도를 보였을까. 마쓰다 도키코는 「소설을 쓰는 고통」이라는 문장
을 발표, 다음과 같이 언급한 적이 있다.

**하나오카 광산에서 전쟁 중에 행한 광부에 대한 착취와 조선인 징용자, 중국 포
로, 특히 중국 포로에게 가한 학살행위를 알았을 때 나는 생리적으로 잠자코 있을
수가 없었다. 가해자에 대한 증오도 있었지만 뭔가 대단히 자기 성찰적이고
스스로도 죄인인 듯한 괴로움으로 호흡이 멈출 것 같은 느낌이 들었다. — 그러한**

....
2 노조에 겐지, 「아키타·하나오카 광산—생매장된 조선인 구출 못하고 죽음을 방관」, 『조
   선신보』, 2007.7.9.

하나오카 사건 당시 인부들 모형

일이 일본의 한 광산에서 벌어지고 있었을 때 나는 이 도쿄에서 무엇을 하고 있었던가. 매일 폭탄의 비를 피하며 살기 위해 전쟁터를 왕래하고 있었다. "죽고 싶지 않아, 하지만 죽을 때까지 살아야 해" — 그렇게 동물적으로 쫓기는 생활 속에서 광부의 자식으로 태어난 **나는 도대체 어떠한 '노동계급'의 입장에서 그 전쟁에 대해 어떠한 저항을 했던가?** 그렇게 생각하니 그 사건이 단지 하나오카 사건이 아니라 **내 인생의 바름과 그름, 진실과 거짓, 성장과 퇴보에 직접적으로 영향을 끼친 사건**이었다고 하는 기분에 사로잡혔던 것이다. (『인민문학』 제3권 제15호, 강조는 인용자)

조선인과 중국인 노동자를 동정하는 작가의 심경은 일본제국주의의 전쟁범죄에 어쩔 도리가 없었다는 자책감을 동반하고 있다. 나아가 그 저변에는 하나오카 광산에 강제 연행돼 희생당한 조선인 징용자나 중국인 포로에 대한 참회의 마음이 깃들어 있다. 하나오카 사건을 꿰뚫어 보는 마쓰다의 시점이 자신이 태어나서 자란 하나오카 고장에서 세상을 떠난 조선인과 중국인의 역사와 진실을 추구한 것은 그와 같은 이유 때문이리라.

「하나오카 사건 회고문」은 조선인과 중국인 노동자의 문제를 규명하기 위해 하나오카 사건 현장을 직접 방문, 사건의 진상과 배경을 폭로하고 일본제국주의 만행을 밝힌 마쓰다 도키코의 현지탐방 보고서이다. 극한의 환경 속에서 정치권력과 자본가의 폭력, 억압에 맞서며 자신들이 표현할 수 있는 최대한의 범위에서 공존과 연대를 추구했다고 여겨지는 한일, 한중 노동자의 시점에서 그 의미를 되새겨보자.

하나오카 광산의 조선인 노동자

「하나오카 사건 회고문」은 마쓰다 도키코가 1950년 9월의 체험을 회상하며 기록한 르포로 1972년 5월 19일부터 10월 13일까지 24회에 걸쳐 『일중우호신문』에 연재되었다. 여기에는 조선인과 중국인 노동자가 당시 하나오카 광산에 강제 징용돼 어떠한 생활을 했고 어떻게 고초를 겪었는지 적나라하게 고발돼 있다. 따라서 이 르포는 마쓰다 도키코의 하나오카 사건에 대한 시점과 사건의 내실을 탐색하는 데 빠뜨릴 수 없는 기록이다.

우선 하나오카 광산의 조선인 노동자가 어떻게 하나오카 광산까지 끌려왔는지 그 과정을 추적해보자. 당시는 태평양전쟁 중이었다. 일본제국주의는 무력과 협박 등의 폭력적 방법으로 조선의 각지에서 젊은 청년들을 강제 징용했음은 물론, 천황을 위한 일본 신민으로서의 삶을 요구했다. 심지어는 노동력 확보를 위해 조선인 여성들을 대(隊) 단위로 구성하여 일본 군수공장에 동원한 것으로 밝혀졌다.[3] 이는 그들이 전쟁 수행을 위해 얼마나 비인도적이고 무자비한 불법 행위를 자행했는지를 여실히 보여준다.

조선에서 일본으로 건너간 노동자의 이동률 추이를 살펴보면 노동자의 수는 1910년을 기점으로 조금씩 불어났다. 처음에는 보다 나은 노동임금과 노동환경을 찾아 조국과 고향을 떠나 이국땅 일본에 발을 들인 예가 적지 않았다.[4] 조선인 노동자의 징용이 강제성을 띠

....

3 일제강점하강제동원피해진상규명위원회, 『'조선여자근로정신대' 방식에 의한 노무동원에 관한 조사』, 7면. 동 책자 2~9면에는 조선여자근로정신대에 대한 '선행연구 및 조사현황'과 '나고야미쓰비시 조선여자근로정신대 소송을 지원하는 모임' 등이 제기한 재판소송 현황에 대해서도 구체적으로 정리되어 있다. 광주에서는 양금덕 할머니를 비롯한 근로정신대 할머니들이 미쓰비시중공업의 나고야 항공기제작소 등에 불법 동원돼 노역을 당하고 임금을 받지 못한 사실에 대해, 미쓰비시중공업을 상대로 광주지법에 강제 징용 피해 손해배상 청구소송을 제기, 2013년 11월 1일 승소한 바 있다.
4 김인덕, 『우리는 조센진이 아니다』, 서해문집, 2004, 23~24면 참조.

기 시작한 것은 1930년부터이다. 징용의 장소는 일본은 물론, 만주, 사할린에까지 이르렀다. 강제 연행은 일본제국주의 말기에 더욱 혹독해져 특히 1939년부터 1945년 사이에는 약 66만 7,694명이 징용되었다.[5] 그러므로 일본제국주의가 전쟁 당시 얼마나 조선인의 노동력 착취에 광분했는지 여실히 증명된다.

1941년 이른바 태평양전쟁이 발발하자 일제는 노골적으로 조선 내부로 침투, 강압적인 방법으로 젊은 청년들을 착출했다. 대체로 16세부터 22세까지의 건장한 젊은이를 집중적으로 징용해 강제로 일본 전역으로 보냈는데, 모든 조선인 노동자는 군수공장이나 노역장, 광산 등에 배치되었다. 말하자면 강제 징용된 조선인은 직접 전쟁터로 끌려가든지 전쟁에 필요한 물자를 조달하는 장소로 보내졌던 것이다. 밝혀지지 않은 인원까지 포함해 1939년부터 1945년까지 그 수는 150만 명을 초과했다고도 전해진다.[6] 그러므로 일제는 강제 동원에 온통 혈안이 되어 있었다고 보아 마땅하다. 「하나오카 사건 회고문」에서 마쓰다 도키코에게 하나오카 광산을 안내하는 김일수 씨도 강제 징용된 조선인 중 한 사람이었다. 그의 동료 중에는 '갑자기 "이리와"라는 소리를 들으며 그대로 연행된' 사람도 있었다고 하니까 징

----

5 히구치 유이치樋口雄一, 『일본의 조선·한국인』, 同成社, 2002에 발표된 통계에 따르면 1930년에 298,091명, 1935년에 625,678명, 1939년에 961,591명, 1940년에 1,190,444명, 1945년에 1,115,594명으로 증가 추세를 보이고 있다(1910~2000년의 재일조선인 인구 통계표에 의함).
6 에자키 준江崎淳, 「해제·해설」, 마쓰다 도키코 자선집 제6권 『땅밑의 사람들』, 澤田出版, 2004, 332면.

60세 때, 한일조약비준 저지, 베트남 침략반대 도쿄집회. 가운데가 작가

용자들은 모두 동병상련의 아픔을 겪었다고 볼 수 있다.

　이러한 강제 연행 형태는 가족과의 연을 끊고 오로지 일본제국주
의를 위해 일하는 기계적 인간을 양성하는 목적으로 행해진 비인도
적인 만행이었다. 김일수 씨도 어머니가 보는 앞에서 연행되었다. 김
씨는 "나의 집에 쳐들어온 건 심야 — 오전 2시경 …… 어머니가 울며
부탁하는데도 무리하게 연행되었다"라고 진술하고 있다. 말하자면
조선인 연행자에게는 누릴 수 있는 인권과 자유 자체가 주어지지 않
았던 것이다.

더욱이 조선인 연행자는 가족과의 면회도 허락받지 못했고 현실로부터 두절된 상태에 처해 있었다. 면회하러 오는 가족이 있는데도 불구하고 일본의 군과 경찰은 "네 아비는 없어. 자식은 없어"라며 거절했다는 김 씨의 증언에서 그 만행의 잔혹함을 충분히 느낄 수 있으리라. 그들은 그 후 기차로 부산까지 옮겨져 배로 일본으로 끌려갔지만 그들 손에서 수갑이 풀린 것은 기차 속에서의 한순간이었고 완전히 포로 취급을 받았다. 이렇게 해서 '일본에 도착한 후 다수는 사할린이나 규슈의 탄광으로 끌려갔으며 김 씨 일행은 하나오카로 향했던' 것이다.

아마도 이 사실을 김 씨에게서 듣던 당시의 마쓰다 도키코는 견딜 수 없는 분노로 치를 떨지 않았을까. 마쓰다 도키코는 기억을 더듬으며 1972년에 「하나오카 사건 회고문」을 기록했지만 취재 당시의 격정적 느낌을 잊을 수는 없었을 것이다. 하나오카 광산에서 희생된 사람들에 대한 사죄의 마음을 담아 "당시의 침략적 군국주의 정부야말로" "타국 국민의 생명을 빼앗고 혹은 빼앗는 행위로 돌진한 참 주인공이었다"고 토로하는 마쓰다 도키코의 심정은 일본제국주의에 대한 저주와 일본정부가 저지른 범죄에 대한 노여움으로 가득 차 있었음에 틀림없기에. 그런 까닭에 마쓰다 도키코는 하나오카에 징용된 조선인 노동자의 생활과 노동환경이 얼마나 고통스러운 것인가를 때로는 김 씨의 입을 통해, 때로는 들었던 내용을 들추어 생생하게 증언하는 것이다.

당시는 중일전쟁 때로 하나오카 광산의 중국 포로 약 천여 명이야말로 가장 혹독한 인간 이하의 대우를 받았다. 하지만 조선인 노동자 또한 지독한 생활 속에서 살았다. 하나오카의 모든 조선인 징용자는 병을 앓는 상태임에도 군대처럼 아침 6시와 저녁 8시에 점호를 받아야 했다. 게다가 작업은 광산 속 갱내 일이었으며 임금은 '1943년 100~103엔', '1944년 120엔', 1945년에는 기본급과 잔업 임금을 합해 '160엔' 밖에 받지 못했다고 한다. 그러므로 그들이 얼마나 노동력을 착취당했는지 미루어 짐작할 수 있다.

밥은 저울에 달아 배분했고 달랑 된장국과 단무지만으로 연명해야 했다. 당연히 조선인 노동자들은 불충분한 식사로 대단히 고통스러워했다고 한다. 그들이 쌀의 양이 줄어드는 것을 의식해 물을 어느 정도 넣는지를 감시하고 "물을 많이 넣지 말라"고 항의했다고 하는 사실은 여실히 그 점을 뒷받침한다. 일본인 경계(조선인 노동자들이나 포로를 관리하는 일본인 직제職制)에 의한 조선인 노동자들에 대한 차별과 멸시의 언어도 혹독했다. "조선인이라고 해서 위험한 일을 시키지 말라. 똑같은 인간이 아닌가"라며 차별을 용인하지 않고 맞섰다는 기록이나 "조선인이기 때문에 뭔가가 분실되거나 뭔가 좋지 않은 일이 발생하면 '조센진일거야', '조센진이 아닐까' 하고 미리 정해 의심을 받았다"고 하는 문장에서 조선인 노동자들의 고난과 괴로움, 나라 잃은 인간으로서의 깊은 서러움, 현실을 원망하는 한스러움이 생생하게 묻어난다.

마쓰다 도키코는 그런 고통을 자신의 일처럼 받아들여 희생된 조선인 노동자와 하나오카에 징용된 모든 조선인에게 동정과 애정을 쏟았다. 그리고 국적을 떠나 적확하고 공정한 심판자의 눈으로 하나오카에서 일어난 역사적 진실을 기록했다. "난 지금 이 도야시키 3번갱을 광차와 함께 줄달음치며 통과하던 운반부의 모습을 떠올리며 당시의 조선인 노동자를 생각하고 있었다"고 회고하는데, 나나쓰다테에서 생매장당해 희생된 11명의 조선인 노동자에 대한 마쓰다 도키코의 마음이 어떠한 상태였는지 충분히 상상할 수 있을 것이다. 또한 사건 현장에서 "저기 하얗게 보이는 게 꽃이에요. 바람이 불어 조금 흔들리고 있는데 지금도 저곳에는 연중 공양의 꽃이 피어오르고 있죠……. 저 아래 아직 22명의 유골이 그대로 묻혀 있으니까요……"라고 말하는 김 씨에게 "대답할 말이 없었고 고개를 깊이 끄덕였다"고 새겼다. '고개를 깊이 끄덕'인 모습에서 마쓰다 도키코의 진실한 면모를 엿볼 수 있겠다.

하나오카 광산의 중국인 노동자

한편 중국인 노동자(포로)의 입장은 조선인 노동자보다 더욱 열악한 상황에 처한 것이었다. 여기에 하나오카 사건의 특징이 존재하고 비극의 원인 또한 내재해 있다. 말하자면 당시 일본에서 조선인과 중국인은 동일한 위상을 지닌 존재가 아니었다. 조선인은 1910년 조선

강제병합 이후 명목상 일본인(일본 국적)이었기 때문이다. 여기에 반해 중국인은 어땠을까?

예를 들면 나나쓰다테에서 아우를 잃은 일본인 노동자 다바타 씨는 중국인 포로에 대해 "도저히 일본인이나 조선인과 비교가 되지 않았어요 ……"라고 증언했다.

마쓰다 도키코 자신도 그 점을 염두에 두고 조선인 노동자와 중국인 노동자를 구별해 "조선인 노동자의 이와 같은 '연행' 경험이나 하나오카 도착 후

하나오카 사건 중국인 희생자 공양탑

받은 처우가 이 사람들의 마음을 중국인 포로의 신상에 연결 짓게 한 것은 당연한 일이었다. 자신들보다 몇 배나 여위어 앙상하고 몇 배나 닳아서 해진 것을 몸에 두르고 입산한 그들"이라고 묘사했다. 조선인 노동자와 중국인 포로에 대한 대우의 간극이 확연히 느껴지는 부분이다.

요컨대 조선인 노동자는 실상은 강제 연행이었더라도 제도적으로는 국가에 의한 관 알선 혹은 징용, 자유모집이라는 구실하에 동원되었다. 이에 반해 중국인 포로의 경우에는 성격 자체가 상이하다. 당시는 1937년 노구교盧溝橋 사건을 기화로 발발한 중일전쟁 상태였으니 말하자면 중국은 일본에게 적국이었고, 따라서 중국인 노동자는

그야말로 적국의 포로 그 이상 그 이하도 아니었던 것이다. 기실 강제로 연행된 중국인 노동자 속에는 국민당의 군 출신이나 중국공산당 군(팔로군)의 병사로 일본군의 포로가 된 사람들도 다수 포함되어 있었다. 조선인 노동자와 중국인 노동자는 판이하게 다른 존재로 다루어졌고 주거 형태나 식사 내용, 노동 강도가 구별되었던 것도 그 이유이다.

그러한 중국인 포로들이 어떻게 하나오카까지 연행되어 왔는지에 대해서는 그 배경과 하나오카 사건 진상을 언급한 작품 도입부의 마쓰다의 언설에서 명확히 파악할 수 있다.

하나오카까지 강제 연행으로 끌려온 중국인 포로들, 그들 생활은 그 어떤 언어로도 형용할 수 없는 것이었다. 김일수 씨는 "그 사람들은 겨울에도 알몸뚱이에 가까운 넝마 한 장, 등에는 눈을 피하기 위한 멍석, 다리에는 누더기 짚을 두르고 얼어붙은 물속에 정강이에서 허벅지까지 담그고 일해야 했어요. 게다가 먹을 건 겨가 섞인 만두 한 개뿐"이라고 언급했다. 중국인 포로에게는 삶 자체가 고통이었을 것이다.

하지만 중국인 포로들이 더욱 견딜 수 없었던 것은 생사를 헤매는 동료 모습을 목격하고도 구원의 손길을 내밀 수 없어 죄책감과 무력감에 시달렸기 때문이리라. "포로들은 이 지역에서 매일 행해지는 기아와 곤봉, 린치로 죽음과 마주하며, 혹은 실제로 매일처럼 죽어가는 동료 모습을 눈으로 확인하면서 해냈던 것이다"라는 표현에서 고통의 강도를 가늠할 수 있겠다. 마쓰다는 하나오카 사건을 배경으로 집

필한 작품 『땅밑의 사람들』에서
도 강제로 일본인 경계에게 학대
당해 동료에게 린치를 가할 수밖에
없는 중국인 포로의 모습을 생생
하게 그려 넣었다.

그것은 포로를 제압하기 위한
비인도적 일상 행위였다. "나사
영, 너! 거기에 배를 대고 뭘 먹고
있나?"라고 호통치며 중국인 포로
대장에게 곤봉을 들이대는 감독
후쿠다의 강압적 폭거는 여느 때

중국어판 『땅밑의 사람들』

나 작업현장에서 자행되는 행위였음에 틀림없다. 작품에는 "이봐, 들
었나, 네 대장님은 너 따윈 상대하지 않겠다는군. 누구에게 맞고 싶
니? 장금정이 좋나?"라며 동료에게 곤봉으로 후려칠 것을 강요하는
후쿠다에게 재촉당하는 중국인 포로의 애절한 모습이 눈에 띈다. 작
가 마쓰다는 『땅밑의 사람들』을 통해 제국주의 군과 그 추종세력의
범죄를 철저히 고발함은 물론 침략전쟁의 폐해를 야기한 모든 반인
륜적 행위에 날카로운 메스를 대어 평화와 인간해방 정신을 환기하
고 있다. 따라서 오다테 서장, 하나오카 서장, 가시마구미 보도원들,
하나오카 경찰서의 특고, 광산 서무과장, 광산장, 경계 등의 중국인
포로에 대한 너무나도 잔혹한 학대와 린치의 현장을 그야말로 생생
하게 묘사한 마쓰다의 심경을 충분히 살필 수 있는 것이다.

「하나오카 사건 회고문」은 그 희생자들의 참극이 자행된 장소를 방문한 경험을 작가가 뒤돌아보며 기록한 르포이기에 여기에는 작가 자신의 당시 감정과 심경이 진솔하게 드러나 있다고 봐도 좋다. 즉 그 정도로 생생한 실록이라고 단언할 수 있겠다.

그런데 마쓰다 도키코의 시선은 중국인 포로를 조선인 노동자가 동정하는 부분에까지 닿아 있으므로 감탄하지 않을 수 없다. 거기서 또한 중국인 포로가 처한 입장을 새삼 느낄 수 있을 것이다. 조선인 노동자의 중국인 포로에 대한 접근은 금지되어 있었기에 중국인 포로에게 '먹을 것을 떨어뜨리는' 장면이 일본인 경계에게 목격되면 그 자리에서 곤봉으로 구타를 당한다. 그럼에도 조선인 노동자들은 일본인 경계의 인솔하에 중국인 포로들이 지나는 길이나 혹은 작업장에서 우연히 그들을 만나면 지니고 있던 '감자랑 담배꽁초'를 '일부러 눈에 띄도록 떨어뜨리고 지나쳤'다.

여기에서 주목하고 싶은 것은 작가 마쓰다 도키코는 이런 사실을 조선인 노동자의 중국인 포로에 대한 단순한 동정으로만 보지 않는다는 점이다. 언제나 마쓰다 도키코의 염두에는 가해자 일본과 피해자 조선, 국가권력이나 자본가와 거기에 맞서는 노동자 계급이라는 구도가 뿌리를 내리고 있었던 것이다. 살펴보면 국경과 지위를 초월, 조선인 노동자와 일본인 노동자가 연대하는 장면이 그녀의 작품에는 종종 등장한다. 그것은 침략전쟁에 반대하고 침략의 주체세력인 자본권력에 저항하는 노동자끼리의 연대로도 볼 수 있으며 그곳에서 작품의 의미와 가치를 찾는 일도 가능하다. 조선인 노동자가 중국인 포로에게 먹을 것을 떨어뜨리는 장면도 본질이 다르지 않다고 본다.

즉 마쓰다 도키코는 조선인 노동자들과 중국인 포로들이 협력하는 모습을 그림으로써 침략주의 일본의 가해성을 가감 없이 공격함과 동시에 노동자를 학대하는 계급에 경종을 울리고 있다. 그녀 자신도 스스로 "침략전쟁이 초래한 인위적인 소용돌이 속, 인위적 동굴 속에 차례대로 휘말린 조선인 노동자나 중국인 포로가 동승한 형태로 동시에 고통을 겪는 고뇌의 종점에서 서로 깨달은 적은 과연 누구였던가"[7]라고 표현했다. 상념에 그치지 않고 집필 행위에 있어서도 마쓰다의 의식에는 침략과 평화, 자본과 노동이라는 격렬한 대립 구도가 잠재하고 있었음에 틀림없다.

마쓰다 도키코는 『땅밑의 사람들』에서 조선인 노동자가 중국인 포로와 교감하는 장면을 다음과 같이 묘사했다.

포로들의 얼굴에 천천히 미소가 번지기 시작했다. 눈이 기쁨으로 번뜩이기 시작했다. 임林 씨도 정鄭 씨도 — 짧은 중국어라면 가능한 정 씨도 그저 그리운 모습으로, 또는 괴로운 모습으로 자신들을 응시하는 한 사람 한 사람의 얼굴에 미소를 띠었다. 그 미소와 미소는 두 나라의, 두 민족의 마음에 언어 이상으로 강렬한 교감을 안겨주었다.

이 부분은 「하나오카 사건 회고문」 중 조선인 노동자가 중국인 포

----

7   마쓰다 도키코, 「민족·전쟁·역사」, 『문학신문』, 1972.7.15.

로에게 먹을 것을 떨어뜨리는 장면과 일맥상통하다고 여겨진다. '미소와 미소' '두 나라의, 두 민족의 마음'이라는 표현은 마쓰다 도키코의 평화공존을 기원하는 절실한 염원, 권력에 대항하는 노동자끼리의 연대를 갈망하는 진심에서 우러나온 것이리라. 여기에서 이민족 노동자에 대한 따뜻한 마음과 제국주의 일본에 대해 엄격하게 질타하는 작가의 의도를 읽을 수 있겠다.

혹독한 생활을 견딜 수 없었던 중국인 포로들은 결국 집단봉기를 감행했다. 그러나 가시마구미 보도원과 일본인 경계 등에 의해 교라쿠킨[8]으로 연행되어 잔혹한 탄압과 폭력으로 다수가 살해당했다. 그러기에 그 장소를 방문한 마쓰다의 심경은 희생자에게 반성하고 공양하는 통절한 회개의 마음을 동반한 것이었으리라. "이제 우리는 하나오카를 방문하는 모든 사람들이 볼 수 있는 장소에 위령비를 세워야 한다. 그 비석을 보는 사람들이 모두 마음속으로 '하나오카 사건을 반복해서는 안 된다', '진심으로 두 번 다시 침략전쟁을 용인해서는 안 된다'고 결심해야 한다. 그리고 그런 이유에서 진정한 민주 일본의 건설에 매진할 수 있도록 비석을 —"(「하나오카 사건 회고문」)이라고 마쓰다는 기록했다. 실천 작가 마쓰다의 표현에 공감하지 않을 수 없는 것은 사건 본질에 대한 인식의 진정성이 그대로 느껴지기 때문이다.

· · · · · · · ·
8   영화 연극 등의 상연 장소로 사용되던 하나오카 광산의 오락시설.

나나쓰다테 사건과 한일 노동자의 연대

그런데 하나오카 사건에 이르기까지의 과정에서 간과할 수 없는 또 하나의 사건이 있다. 조선인 노동자 11명과 일본인 노동자 11명이 생매장당한 비극(나나쓰다테 사건)이다. 이 사건이 계기가 되어 중국인 대량학살로 이어지기 때문에 그 전모를 살피는 것은 대단히 중요하다. 마쓰다 도키코는 「하나오카 사건 회고문」의 도입부에 나나쓰다테 갱에 대해서 다음과 같이 설명하고 있다.

중국인 포로가 강제 연행되기 약 2개월 전 ― 1944년 5월 29일, 전시증산을 위한, 너무나도 보안을 무시한 난굴亂掘로 인해 결국 갱도 바로 위를 흐르고 있던 하나오카 강의 밑바닥이 허물어져 한순간에 강 전체가 갱내로 함몰되었다. 당시 갱내에 있던 일본인 노동자 11명과 조선인 노동자 11명이 생매장을 당했다. 그 광상이며 갱내이다.

사건의 배경을 명확히 서술한 내용이다. 다만 여기에서 그냥 지나치고 싶지 않은 것은 마쓰다 도키코가 이 나나쓰다테 사건을 매우 주목하고 있고 희생된 조선인 노동자들에 대한 애절한 마음을 나타내며 위령하고 있는 점이다. 물론 '그 나나쓰다테 갱 위의 하나오카 강 함몰이야말로 하나오카 사건의 구체적인 토대이며 도인導因이었던' 만큼 사건 배경을 추적해가는 과정에서 자신의 감정을 토로하지 않

조선인 11명과 일본인 11명이 생매장당한 나나쓰다테 사건 현지조사 사진. 나나쓰다테 조혼비 앞

을 수 없는 심경이었을 것이다. 하지만 국적에 상관없이 광산 노동자에 대해 참회와 동정과 애정을 쏟는 부분은 그곳에 사건을 직시하는 작가의 근본적인 시점이 반영돼 있기에 평가 받아 마땅하지 않을까. 더욱이 식민지 시대의 일본인과 조선인의 관계에 있어서는 일본인 = 가해자, 조선인 = 피해자의 입장이 전제가 돼 실록이든 문학작품이든 독자의 공감을 불러일으키는 데 선입견적 요소로 작용했지만 마쓰다 도키코의 시점은 그 부분을 타파하고 노동자끼리의 연대로 제국주의와 악랄한 자본가들에 맞서는 형태로 그려져 있으므로 감동을 느끼지 않을 수 없다.

과연 나나쓰다테 사건에 대한 마쓰다 도키코의 생각은 어떠한 것이었을까. 예를 들면 1951년 잡지 『새로운 세계』에 게재한 「하나오카 광산을 찾아서」라는 르포에도 구체적으로 공개했지만 마쓰다 도키코는 조선인과 일본인 노동자 22명이 생매장당한 나나쓰다테 사건을 자신의 일처럼 수용, 직접 헬멧을 쓰고 갱도로 들어갔다. 「하나오카 사건 회고문」에는 "나는 나나쓰다테에서 산 채로 — 어떤 자는 광차에, 어떤 자는 해머에, 어떤 자는 착암기에 매달린 채 목숨을 잃은 22명의 '유골'의 형체도 동시에 눈에 떠올리지 않을 수 없었다"고 표현하고 있다. 당시 마쓰다 도키코의 심경은 희생자의 '울부짖는 소리가 귓전'에 맴돌아 희생자를 공양하고 싶은 마음에 견디기 어려운 상태가 아니었을까. 그리고 '그 일본인인 자신이 일본제국주의 전범의 비행을 근본적으로 말살함에 있어서 얼마나 미력한가'(「하나오카 광산을 찾아서」)라는 사실을 새삼 깨닫지 않을 수 없었을 것이다.

　　그 후 마쓰다 도키코는 하나오카 사건의 규명 작업에 착수, 유골 발굴, 본국 송환 등의 운동에 직접 참가해 활동했을 뿐 아니라 소설, 르포, 보고 등의 문필활동을 통해서도 희생된 조선인 노동자들에 대한 공양과 성찰의 마음을 새겼다. 세상을 뜨기 2년 전인 2002년에도 마쓰다 도키코는 단편 「어느 갱도에서」에 나나쓰다테에서 발생한 조선인 희생에 대한 회한의 마음과 애절한 동정심을 어김없이 그려 넣었다. 따라서 마쓰다 도키코는 하나오카 사건을 접한 뒤로 조선인 희생자들에 대한 애도의 심정으로 생애를 보냈다고 해도 과언이 아니다. 그 단편에 마쓰다 도키코는 다음과 같은 장면을 남겼다.

손으로 더듬어 그 벽면을 쓰다듬으며 그것이 두터운 콘크리트 벽임을 확인했다. 리에는 몸을 떨며 울었다. 소리 없이. 소리 없이 우는 리에의 귓전에 땅밑으로부터 사람 목소리와 물건 부딪치는 소리가 들려왔다. 그 소리들은 외치고 있었다.

"이봐, 우리는 아직 살아 있어. 아직 숨을 쉬면서 손에 쥔 강철 끌, 해머, 돌멩이, 나무토막으로 두드리며 신호를 보내고 있는데 어째서 그렇게 폐석, 바윗돌, 흙덩이를 온통 퍼부으며 죽이려는 거야. 이봐, 어이 ……."

그런 목소리와 광차랑 광차 레일을 딱딱 치는 소리의 주인공들 22명에게 리에는 말없이 빌었고 고백하지 않고서는 견딜 수 없었다.

마쓰다 도키코의 심경이 그대로 주인공 리에에게 투영되고 있음은 두말할 나위도 없다. '몸을 떨며' 우는 리에는 다름 아닌 작가 마쓰다 도키코였을 것이다. 광산 노동자의 고통스러운 일상을 지켜보며 자란 마쓰다 도키코는 누구보다 하나오카 광산 노동자의 고뇌와 번민, 군과 고용자측의 노동자에 대한 착취, 혹사, 학대에 자각적이었다. 모국을 잃고 식민지생활만으로도 괴로운 상황임에도 이국으로 강제 연행 당해 일본의 침략전쟁을 위해 노동현장에서 혹사 당하다니, 조선인 노동자에게 무슨 죄가 있단 말인가. 무엇 때문에 그렇게 희생을 당한단 말인가.

마쓰다 도키코는 "함몰된 갱도 안에서 아직 강철 끌이랑 해머로 두드리며 신호를 보내는 사람이 있다고 하는데도 회사는 갱내 폐습작업을 지시했죠"라며 그 생매장 사건으로 동생을 잃은 다바타 씨로부터 생생한 증언을 듣는다. 작가는 이와 같은 사실을 의식하며 리에의 심상을 표현하고 있고 가슴이 찢기는 듯한 심정으로 우는 리에를 그리고 있음에 틀림없다. 모국 사람 일본인과 조선인을 구별하지 않고 한 인간으로서 일본제국주의의 과오를 공격하는 마쓰다 도키코의 면모가 뚜렷이 엿보인다.

그런데 여기서 더욱 주목하고 싶은 부분은 조선인과 일본인이 함께 생매장을 당했다는 사실이다. 노동현장에서 강제로 죽음에 직면하게 되는 조선인과 일본인 22명의 얘기에는 가슴이 미어지지만, 그곳에서 국적, 신분, 시대적 배경을 초월, 극단적 상황에 처한 동료를 구출하기 위한 공동투쟁, 연대, 단결을 도모하는 한일 노동자의 농밀한 모습을 발견할 수 있기 때문이다. 작가는 그러한 점을 충분히 의식하며 「하나오카 사건 회고문」을 기록했음은 물론, 문학작품을 통해서도 독자에 대한 메시지를 발신한 셈이다.

그러고 보면 마쓰다 도키코는 하나오카 사건에 대해 서술하며 '일본과 조선과 중국 노동자의 이처럼 연 깊은 역사'[9]란 말을 토해낸 적이 있다. 따라서 수로변경 작업을 위해 중국인 포로가 등장하기까지는 한일 노동자가 공존하는 모습을 그리는 일에 몰두하지 않을 수 없었으리라. 마쓰다 도키코는 그러한 내용을 「하나오카 사건 회고문」에는 상세히 그리지 못했지만 『땅밑의 사람들』 등의 작품을 통해 한일 노동자가 연대하는 모습을 구체적으로 묘사한다.

....
9   마쓰다 도키코, 「하나오카 그 후」, 『일중우호신문』, 1972.11.30.

— 조선인 강姜 씨였다. (…중략…) 거기에는 일본인과 조선인의 구별은 없었고 남녀의 구별도 없었다. 거기에는 광부만이, 똑같은 지옥에서 일하는 광부만이 남아 있었다.

드디어 병원에 입원해 강 씨의 몸이 침대로 옮겨져 의사와 간호원이 응급조치를 마쳤을 때, 그리고 의사가 "괜찮아요"라는 말을 했을 때 사다키치는 마음속으로 "잘됐다"라고 중얼거리며 눈물을 떨구었다. "사다키치 씨, ─여러분, 고마워요, 고마워요, 너무 고마워요" 임 씨, 정 씨, 박 씨가 사다키치, 진이치로, 하시모토와 손을 맞잡고 사내울음을 토해내며 고마움을 표시했다.

필자는 이 부분을 인용, "하나오카 강의 함몰지역에서 조선인 노동자 강 씨가 구출되는 장면인데 감동적이다", "이 눈물이야말로 가장 아름다운 연대의 이미지가 아닐까"[10]라고 기술한 적이 있다. '조선인과 일본인 노동자의 특별한 연대'[11]에 대해서는 다음 기회에 언급하겠지만, '죽음의 위험'을 잊고 동료를 나나쓰다테 갱에서 구출하기 위해 낙반의 공격에 대한 불안을 감수하면서 서로 돕는 장면에서 인간미 넘치는 공동체의식을 느끼지 않을 수 없다. 조선인 노동자 강 씨 구출에 이르기까지의 과정은 국경과 신분을 초월한 한일 노동자의 단결과 화합으로 표현해도 과언이 아닐 것이다. '사내울음'을 토해내

....
10 김정훈, 「한국에서도 되살아나는 고바야시 다키지」, 『JANJAN』(일본 인터넷신문), 2008.2.17.
11 등장인물 임 씨와 도쿠코의 연애관계 등을 일컫는데, 이에 대해서는 김정훈, 「작품 해설」, 『땅밑의 사람들』, 범우사, 2011, 398~400면에서 구체적으로 논하고 있다.

는 그 눈물이 무엇을 의미하는지를, 거기에 모인 한일 노동자들은 뼈에 사무치는 마음으로 서로 절감하지 않았을까.

이와 같이 조선인 노동자를 보는 마쓰다 도키코의 시선은 결코 일본인 노동자를 보는 것과 다르지 않았다. 그 시선에는 노동자를 멸시하는 대상에 대한 분노와 지독한 학대에 고통의 나날을 보내는 노동자에 대한 동정이 교차, 그것을 어떻게 극복할 것인가를 고뇌하는, 작가로서의 사명감에 불타는 마쓰다 도키코의 면영面影이 선명히 투영돼 있다. 마쓰다 도키코는 이처럼 국적을 떠나 공동으로 역경을 극복하는 역할을 수행하는 대상으로 노동자의 연대를 염두에 두었다. 그러한 관점에서 보면 "일본인과 조선인은 노동자인 한, 광부인 한 생사를 같이 한다"고 흘리는 사다키치의 말은 대단히 중요한 의미를 내포하고 있다고 생각한다. 그 의미가 확장돼 "일본인도 조선인도 중국인도 미국

94세 때, '전쟁법안 절대 반대' 플랜카드를 들고 데모. 가운데가 작가

인도 노동자인 한" 하고 이어지는 언설에 국제적 연대까지도 독자에게 환기시키는 작가의 의도가 엿보이기 때문이다.[12]

『땅밑의 사람들』은 하나오카 사건을 테마로 기록한 르포소설이라

고는 하나 모든 장면이 사실에 근거해 쓰여졌다고 단언할 수는 없다 (현장을 방문해 많은 내용이 사실이고 실제상황과 모델의 존재도 확인했으나). 하지만 아마 나나쓰다테가 함몰, 동료를 구출하는 한일 노동자의 모습은 본문에 그려진 것과 별반 다르지 않은 형상이리라. 마쓰다 도키코는 「하나오카 사건 회고문」에 새기지 못한 사건의 경위나 상황을 작품에 구체적으로 형상화해 묘사함으로써 두 번 다시 일본제국주의의 침략전쟁을 용인해서는 안 된다는 결의와 함께 노동자의 단결과 희생자에 대한 추도의 마음을 표현하고 싶었던 것이 아닐까. 1950년에 하나오카 사건 현장을 탐방한 기억을 상기하며 새삼 「하나오카 사건 회고문」을 작성한 사실도 그와 같은 작가의 의도를 염두에 두지 않고는 생각할 수 없다.

마쓰다 도키코는 하나오카 광산을 방문, "일본의 지상이 제국주의 전범에 의해 좌우되는 한", "일본열도는 영원히 지옥이라는 사실"[13]이라고 경고했다. 국가 권력에 대한 투쟁과 평화를 추구하는 인간해방 정신은 마쓰다 도키코에게 생애를 관통하는 절대적 가치였다고 생각된다. 따라서 언제나 그와 같은 의식에 눈떠 있던 작가 마쓰다 도키코의 언설은 평화를 위협하는 대상에 맞서는 모든 이들의 마음에 언제나 새로운 의미로 되살아날 것이다.

....
12 작가는 나카무라 신타로中村新太郎 편집, 『다큐멘트 쇼와 50년사』 4권, 汐文社, 1975 등에서 '노동자 계급이라고 하지만 운명과 국경을 초월한 공통성'이라는 표현을 사용한 적이 있다.
13 「하나오카 광산을 찾아서」, 마쓰다 도키코 자선집 제6권 『땅밑의 사람들』, 澤田出版, 2004의 부록에 수록.

맺으며

마쓰다 도키코는 전시 중의 비극인 하나오카 사건을 접한 뒤부터 계속 그 사건에 관여, 현지조사를 하는 등 직접 진상규명운동에 몰두하며 인생을 보냈다. 바꿔 말하면 그것은 평화와 민주주의를 지키기 위한 필사적인 투쟁이었고 사회의 불합리성에 대한 항의와 정의의 실천운동이었다. 마쓰다 도키코는 그런 의지를 소설뿐만 아니라 르포, 보고서, 신문기사 등 다면적인 문학 활동을 통해 철저히 관철시켰다. 제1회 다키지·유리코 상, 제8회 다무라 도시코 상 등을 수상해 명성

96세 때, 마쓰다 도키코 문학기념관 개관식에서

을 떨친 작가가 만년까지 하나오카 사건을 추적, 그 실상을 모든 이에게 밝히려 노력한 사실은 그 정도로 작가로서의 소명의식을 잊지 않고 있었다는 반증이다. '노동자 계급의 입장에 선 작가활동 및 사회변혁의 실천활동을 최후까지 관철한 작가'[14]라는 평가가 나오는 것도 당연하리라.

그러한 점에서 하나오카 사건을 마쓰다 도키코의 생애와 분리해서 생각할 수는 없다.[15] 작가 마쓰다 도키코는 나나쓰다테 사건으로 희생된 조선인과 일본인 22명을 비롯, 다수의 중국인 희생자, 그리고 하나오카 사건으로 목숨을 잃은 모든 노동자들에게 일본 국민을 대표해 사죄하는 마음으로 생애를 보낸 것은 아닐까. 「하나오카 사건 회고문」은 사건 발생 5년 후 그 실천에 발을 들여놓은 생생한 실록이다.

········

14 사와다 아키코澤田章子, 「빈곤과 고뇌의 삶을 사는 노동자의 아내」, 『강좌 프롤레타리아문학』, 光陽出版社, 2010.2, 116면.
15 예를 들면 1997년 8월 작가는 재차 하나오카 광산을 방문하는데 그 당시의 심경을 같은 해 11월 5일 자의 『일중우호신문』에 '하나오카 사건의 현장을 방문하고서'라는 제목으로 토로했다. 만년에도 하나오카 사건을 주제로 「어떤 갱도에서」라는 단편소설을 발표하는 등 하나오카 사건과 생을 함께 했다고 표현해도 과언이 아니다.

마쓰다 도키코松田解子, 1905~2004

78세 때, 『아사히신문』 취재에 응함

1905년 일본 아키타현秋田縣 센보쿠군仙北郡에서 아버지 마쓰다 만지로松田萬次郎, 어머니 스에スエ 사이에 장녀로 태어났다. 아라카와荒川 광산에서 자란 그녀는 오모리大盛초등학교를 졸업한 뒤 광산사무소에서 타이피스트 겸 급사로 근무하며 광산 노동자의 가혹한 노동현실에 접해 문학적 정열을 불태우는 한편 사회의식에 눈을 떴다.

1924년 아키타여자사범학교 졸업 후 오모리초등학교에서 교사로 부임하나 1926년 사임하고 상경해 노동운동에 매진하다가 그해 노동운동가 오누마 와타루와 결혼했다. 1928년 『독서신문』에 「출산」이라는 단편으로 입선했으며 같은 해 일본 프롤레타리아 작가동맹에도 가입, 『전기戰旗』에 시 「갱내의 딸」을 발표했다. 현실참여 문학 여정의 돛을 올린 마쓰다는 1929년 『여인예술』에 「젖을 팔다」를, 같은 해에 「목욕탕 사건」 등을 발표하며 시, 수필, 평론 등 형식과 장르를 초월하는 활동을 펼치기 시작했다.

그녀가 '신일본문학회'에 가입, 본격적인 민주주의 문학운동을 전개한 것은 전후였다. 실천운동가의 모습으로 '마쓰카와 사건'에 관여했고, 그 재판의 불공정함을 지적, 『진실은 벽을 뚫고』라는 피고의 수기를 간행하기도 했다.

제2차 세계대전 말기 일본제국주의 세력에 의해 중국에서 일본 아키타현 하나오카 지역으로 연행당한 다수의 중국인 포로가 기아와 학대를 못 이겨 집단봉기했으나 대다수가 검거되어 학살당한 하나오카 사건과 그 사건의 발단이 된 나나쓰다테 사건의 조선인 노동자 문제에도 눈을 돌려 『땅밑의 사람들』, 「유골을 보내며」, 「뼈」 등의 작품과 르포를 통해 사건의 진상규명에 매진했으며 권력이 노동자를 탄압하는 현실을 날카로운 시선으로 고발했다.

이국 징용피해자 유골 조국 봉환에 앞장서 줄곧 일본제국주의 비판 운동을 펼쳐오다가 61세의 해에는 자신 어머니의 생애를 테마로 엮은 장편 『오린구덴』을 발표, 이 작품으로 다무라 도시코 상과 다키지·유리코 상을 수상하는 영예를 안았다. 66세 때에는 하나오카 지역에 '일중부재전 우호비를 지키는 회'가 발족하자 고문을 맡아 활약했으며 97세의 만년에도 하나오카 사건을 추적한 소설 「어느 갱도에서」를 발표하며 주목을 받았다. 2004년 백수를 기념하는 모임을 갖은 후 그해 12월 급성심부전증으로 세상을 떴다.

95세 때, 서재에서